Stefano Campanella

LA MISERICORDIA IN PADRE PIO

Prefazione di
Rino Fisichella

EDIZIONI PADRE PIO DA PIETRELCINA

SAN PAOLO

Piazzale Santa Maria delle Grazie, 4 - 71013 San Giovanni Rotondo (Foggia)
www.edizionipadrepio.it

Piazza Soncino, 5 - 20092 Cinisello Balsamo (Milano)
www.edizionisanpaolo.it
Distribuzione: Diffusione San Paolo s.r.l.
Piazza Soncino, 5 - 20092 Cinisello Balsamo (Milano)

Via Giotto, 36 - 20145 Milano
www.credere.it
www.famigliacristiana.it

Allegato a Credere di questa settimana
Direttore responsabile: Antonio Rizzolo
Settimanale registrato presso il Tribunale
di Alba il 23/10/2012, n. 4/12

Allegato a Famiglia Cristiana di questa settimana
Direttore responsabile: Antonio Sciortino
Settimanale registrato presso il Tribunale di Alba il 7/9/1949 n. 5
P.I. SPA - S.A.P. - D.L. 353/2003 L. 27/02/04 N. 46 - a.1 c.1 DCB/CN

Progetto grafico: Ink Graphics Communication, Milano

ISBN 978-88-215-9771-8

Prefazione

Lo scorso 8 dicembre, con la solenne apertura della Porta Santa nella Basilica di San Pietro, è iniziato il Giubileo Straordinario della Misericordia, voluto da papa Francesco perché tutta la Chiesa rivolga il suo sguardo, in modo speciale, all'amore misericordioso di Dio. Questo Anno Santo, rispetto ai precedenti, possiede vari caratteri di novità che papa Francesco ha annunciato nella bolla di indizione *Misericordiae vultus*. Tra questi, degno di nota, è l'istituzione dei *Missionari della Misericordia*. Sono circa 1000 sacerdoti e religiosi di tutto il mondo, a cui il papa conferirà personalmente il mandato di essere «segno della sollecitudine materna della Chiesa per il Popolo di Dio, perché entri in profondità nella ricchezza di questo mistero così fondamentale per la fede» (*MV* 18). I *Missionari*, invitati dai Vescovi, andranno nelle Diocesi per animare le missioni al popolo o tutte quelle iniziative che hanno un particolare riferimento alla Misericordia. Essi saranno chiamati particolarmente a svolgere il loro mandato predicando e confessando. Per questo, papa Francesco concederà loro l'autorità di assolvere anche i peccati riservati alla Sede Apostolica.

L'invio dei *Missionari della Misericordia* avverrà con una solenne Celebrazione, che si svolgerà nella Basilica di San Pietro il Mercoledì delle Ceneri. Papa Francesco ha voluto che il loro invio avvenga alla presenza delle reliquie di Padre Pio, insieme a quelle di san Leopoldo Mandić. Con questo gesto il papa intende offrire a tutti i sacerdoti un esempio da seguire. Gran parte del ministero di Padre Pio e padre Leopoldo, infatti, si è svolto nell'amministrare il sacramento della Riconciliazione. Padre Leopoldo è meno conosciuto del suo confratello di San Giovanni Rotondo, eppure entrambi hanno condiviso in maniera complementare il grande dono di offrire misericordia, soprattutto nel consentire di percepire l'amore di Dio che perdona. Si sa che Padre Pio trascorreva intere giornate nel confessionale e moltissime erano le persone che ogni giorno, dall'Italia e da tutto il mondo, giungevano a lui per ricevere l'assoluzione e avere da lui una parola o un consiglio. Le numerose testimonianze in merito, alcune delle quali sono raccolte nelle belle pagine di questo libro, riportano Padre Pio come un confessore sincero, esigente e talvolta anche severo. Da tutte, comunque, traspare che ogni confessione trasformava nel profondo il penitente per farlo rinascere alla vita nuova del Vangelo perché riceveva il perdono di Dio.

La misericordia di san Padre Pio non si fermava al confessionale. Essa si traduceva anche in gesti concreti che permettevano di sperimentare, anche sul proprio corpo, l'amore del Signore. Per tutti resta eloquente la costruzione dell'ospedale "Casa Sollievo della Sofferenza", fortemente voluto e realizzato dall'umile Cappuccino vissuto a San Giovanni Rotondo. Questa struttura di eccellenza ci ricorda che la misericordia si trasforma e si rende visibile anche nell'aiuto e nel sostegno per chi vive in difficoltà. Insomma, diventa evidente la nostra fede, dove Gesù non è anzitutto una dottrina da insegnare, ma una persona da incontrare e un volto da contemplare.

Queste pagine offrono un ritratto di Padre Pio in riferimento alla misericordia, cercando di indagarne i vari aspetti con la viva voce di coloro che, attraverso la sua opera, l'hanno sperimentata di persona. Mi auguro che la lettura possa essere uno strumento per vivere al meglio, sull'esempio di san Pio da Pietrelcina, il Giubileo Straordinario della Misericordia.

✠ Rino Fisichella
Presidente del Pontificio Consiglio
per la Promozione della Nuova Evangelizzazione

I

PADRE PIO DISPENSATORE DELLA MISERICORDIA DIVINA

Padre Pio dedicava moltissimo tempo alle confessioni, anche perché erano tantissimi a inginocchiarsi ai suoi piedi per ottenere l'assoluzione. «Non ho un minuto libero: tutto il tempo è speso nel prosciogliere i fratelli dai lacci di satana»[1], scriveva il 3 giugno 1919, a distanza di meno di un mese dalla prima comparsa della notizia delle stimmate sulla stampa[2]. E aggiungeva: «La maggior carità è quella di strappare anime avvinte da satana per guadagnarle a Cristo»[3].

Possiamo facilmente supporre che il nemico di Dio e degli uomini fosse ben consapevole della grande azione pastorale che l'umile religioso di Pietrelcina avrebbe svolto attraverso questo specifico ministero, visto che arrivò quasi a ridurlo in fin di vita per impedirgli di esercitarlo.

1. Un ministero ostacolato

Aveva appena 18 anni e frequentava il corso di filosofia[4], infatti, fra Pio quando una malattia, caratterizzata da debolezza e problemi di stomaco[5], «dalla febbre e da acuti dolori»[6], indusse i medici a consigliare come rimedio un po' di aria natia[7]. La prima valutazione clinica di cui è rimasta traccia riscontra: «Indebolimento respiratorio alla base del polmone destro. Indebolimento ad intermittenza all'apice del polmone sinistro. Tosse secca e stimolante, sudori notturni e febbre continua di poca entità». Tutti sintomi riconducibili «probabilmente» a «bronco-alveolite incipiente nel primo stadio»[8]. Per questa ragione, all'inizio di ottobre del 1907, tutti i suoi compagni di corso sostennero a San Marco la Catola gli esami «per essere prosciolti dal corso filosofico ed essere ammessi allo studio di teologia»[9]. Tutti, tranne lui[10].

Fra Pio fu comunque ammesso al primo anno di teologia e trasferito al convento di Serracapriola, ma ritornò presso la sua famiglia d'origine nell'estate del 1908[11] e ancora verso la fine dell'anno scolastico successivo, iniziato nel convento di Montefusco e non terminato. Il suo insegnante e confessore, padre Agostino da San Marco in Lamis[12], per evitare di fargli rinviare il conferimento dell'ordine del diaconato, tentò di far «dispensare dagli esami» il suo discepolo, oppure di farli «alla buona»[13]. Tuttavia non fu possibile né ottenere la dispensa dagli esami né l'ipotizzata costituzione di una «delegazione» esaminatrice composta dallo stesso padre Agostino e da un sacerdote dell'Arcidiocesi di Benevento[14], perché l'arcivescovo, monsignor Benedetto Bonazzi[15], volle esaminarlo personalmente appena le condizioni di salute lo avessero permesso[16]. Fra Pio si mise a studiare. Saltò l'ordinazione prevista nel mese di giugno[17] e, dopo essere rientrato nel convento di Morcone[18], venne ordinato diacono il 18 luglio 1909 nella chiesa annessa da monsignor Benedetto Della Camera, vescovo delle Termopile[19]. Tuttavia, anche qui, non rimase più di un mese, perché la malattia si riacutizzò. Di conseguenza non poté sostenere neanche gli esami di teologia dommatica, ermeneutica, patrologia e storia ecclesiastica, che si svolgevano dal 10 al 12 ottobre[20].

Alla fine del mese probabilmente le sue condizioni migliorarono e fra Pio si mise in viaggio verso il convento di Gesualdo, sede di studio della teologia morale, dove forse si trattenne un paio di mesi[21]. All'inizio di gennaio 1910, infatti, era già tornato a Pietrelcina. Qui lo raggiunse una lettera del suo ministro provinciale, padre Benedetto da San Marco in Lamis[22], che rassegnato gli scriveva:

> «Carissimo fra Pio, se sperimentate un notabile miglioramento della salute con il respirare l'aria nativa, continuate pure a stare costà, pregando il buon Dio che almeno voglia rendervi idoneo a studiare un poco e fare il necessario per la promozione al sacerdozio, secondo le ultime prescrizioni. Quali siano i divini disegni nel volervi quasi giocoforza in famiglia l'ignoro; ma li adoro pure, sperando quasi con fiducia che la crisi si risolverà»[23].

Il giovane frate rispose pregando padre Benedetto di chiedere alla Santa Sede una dispensa per anticipare l'ordinazione di alcuni mesi rispetto all'età canonica[24], esponendo il suo stato di salute, così se il Signore avesse stabilito di abbreviare il suo «esilio sulla terra», sarebbe morto «contentissimo», perché non aveva «altro desiderio» che diventare sacerdote[25]. Ormai, infatti, «l'idea della guarigione» gli appariva come «un sogno, anzi una parola priva di senso», mentre si sentiva «assai vicino» all'estremo passaggio[26].

Intanto studiava[27] e si faceva aiutare, con qualche lezione di morale, da un prete del luogo, don Giuseppe Maria Orlando, che era diventato il suo confessore durante la sua permanenza a Pietrelcina[28]. Ogni buon proposito era, comunque, subordinato alle condizioni di una salute instabile, descritte in una lettera al suo direttore spirituale, padre Benedetto da San Marco in Lamis:

> «Lo stomaco, grazie al cielo, è quasi da Natale che non rigetta più nulla, mentre per lo innanzi riteneva appena la sola semplice acqua. Anche le forze me le sento alquanto ritornate, tanto da poter camminare per un po' senza tanto incomodo. Ma ciò che non vuol lasciarmi si è la febbre, che quasi tutti i giorni, verso sera, viene a farmi visita, seguita da copiosi sudori. La tosse poi ed i dolori del torace e della schiena sono quelli che più mi martirizzano continuamente»[29].

Forse le continue sofferenze, forse il presentimento di essere ormai prossimo alla morte, forse l'attesa di una dispensa che non arrivava o forse tutte queste cause insieme finirono per gettare nello sconforto l'animo di fra Pio, tanto da fargli ritenere ormai «andate a vuoto» le sue speranze, da fargli pensare di aver sperato «inutilmente», di dover rinunciare a ciò che costituiva parte della sua «consolazione». Tuttavia era pronto ad accettare «il volere di Dio»[30] e giunse a scrivere:

> «In silenzio adoro e bacio la mano di colui che mi percuote, sapendo purtroppo che lui stesso è che da una parte mi affanna e dall'altra mi consola»[31].

A complicare la situazione sopraggiunse la tentazione degli scrupoli di coscienza. Pensava di aver speso «malamente» la sua esistenza, era assillato dal «pensiero di non essere certo di aver confessati tutti i peccati della [...] vita passata», era tormentato dal dubbio di non averli «confessati bene»[32]. Talvolta aveva l'impressione che Gesù si nascondesse alla sua anima[33].

Tra questi densi nuvoloni neri, all'inizio di luglio, filtrò un raggio di luce. Giunse una lettera di padre Benedetto che comunicava: «Ho ottenuto la dispensa dell'età»[34].

Il documento della Sacra Congregazione dei Religiosi consentiva di anticipare l'età dell'ordinazione di nove mesi[35]. Si pensò di non perdere altro tempo e di programmare l'evento tra il 10 e il 12 agosto. Non prima, perché si rischiava di non riuscire a portare a termine i necessari adempimenti preliminari. Nella stessa lettera il Provinciale esortava il giovane frate a rientrare nel chiostro, nel convento più vicino, quello di Morcone, per prepararsi all'ordinazione «con imparare le cerimonie»[36].

Fra Pio obbedì. Ma neanche questo tentativo andò a buon fine. Dopo una giornata di permanenza nel luogo designato, la stessa sera fu costretto a prendere carta e penna per comunicare a padre Benedetto:

> «Carissimo padre provinciale,
> ieri, secondo l'ubbidienza, mi recai a Morcone insieme al padre Eugenio, che venne a rilevarmi a Pietrelcina. Debbo però dirle francamente che, dopo una giornata di permanenza in Morcone, mi sono sentito subito peggiorato; tanto vero che nel momento che scrivo mi trovo a letto per debolezza, a causa del vomito che è ritornato»[37].

Padre Tommaso da Monte Sant'Angelo, maestro dei novizi e vicario conventuale, non se la sentì di attendere che la lettera di fra Pio giungesse a destinazione e che arrivasse la risposta e si assunse la responsabilità di dargli l'autorizzazione a ripartire immediatamente per Pietrelcina, dopo aver aggiunto in calce al foglio da spedire a padre Benedetto una sua nota:

> «Molto reverendo padre, il povero fra Pio giace a letto con la febbre a 39½, vomitando tutto; quindi ha deciso di partire, ed è già ritornato a casa, facendomi compassione; e per non farlo più aggravare nel male, ho permesso di farlo partire, supponendo tale essere la intenzione di lei»[38].

Restava il problema delle cerimonie. Il fraticello pensò di «apprenderle dal parroco del [...] paese, che spontaneamente si è offerto»[39].

Padre Benedetto chinò nuovamente il capo dinanzi alla volontà del Signore e scrisse a fra Pio:

«Mi dispiace, ma adoro l'alto decreto di Dio che, certo per ineffabile pietà, non vi permette di dimorare in quel chiostro ove egli stesso con tanta degnazione vi chiamava»[40].

Non si oppose alla soluzione di affidare al parroco di Pietrelcina il compito di dare le necessarie lezioni al futuro sacerdote e gli affidò anche quello di mettersi «in relazione con la curia» arcivescovile, per stabilire il giorno degli esami[41].

Il parroco, don Salvatore Maria Pannullo, voleva bene a quel giovane che aveva conosciuto nove anni prima[42]. Ne aveva apprezzato subito le qualità umane e spirituali, ne aveva seguito e incoraggiato la vocazione. Per il frate era come uno di famiglia e continuava a chiamarlo «zi' Tore», come faceva quando era ragazzo.

Don Salvatore non si accontentò di insegnargli il cerimoniale liturgico necessario all'ordinazione sacerdotale e si prodigò per risolvere ogni altro problema. Si recò personalmente a Benevento, il 29 luglio, per concordare con il vicario generale, monsignor Giuseppe Loiacono, la data degli esami del suo ex chierichetto[43]. E, avendo ottenuto la disponibilità per il giorno seguente, ci tornò il 30 luglio per accompagnare fra Pio e per assistere, orgoglioso, all'interrogazione.

Il giudizio della commissione dell'Arcidiocesi fu favorevole[44]. L'ultimo ostacolo era stato superato.

Il 10 agosto, nella cappella del coro dei canonici del Duomo di Benevento, fra Pio viene ordinato sacerdote da monsignor Paolo Schinosi[45], arcivescovo titolare di Marcianopoli, «arcidiacono e visitatore generale della santa metropolitana Chiesa beneventana»[46].

In quel periodo, infatti, l'arcivescovo di Benevento, monsignor Benedetto Bonazzi, era «fuori diocesi, cioè a Cava dei Tirreni»[47], dove è stato abate per otto anni[48]. Il Vicario, però, gli aveva scritto e aveva ottenuto da lui l'*impeditus*, cioè l'atto che consentiva l'ordinazione da parte di un vescovo diverso dall'ordinario del luogo, quando questi era impedito a farlo[49].

Con l'ordinazione, Padre Pio ricevette anche la facoltà di confessare, ma non la poté esercitare, perché padre Benedetto non lo autorizzò. Il novello sacerdote Cappuccino invano, più volte, chiese il permesso. Ad aprile del 1911 lo fece anche «a nome del parroco» di Pietrelcina, almeno per poter confessare gli uomini soltanto per il periodo del precetto pasquale spiegando, tra l'altro, che l'arciprete, dando per scontato il permesso del Provinciale, aveva «già avvisato il popolo»[50]. Padre Benedetto, però, restò irremovibile, temendo che questo ministero potesse essergli «grandemente nocivo alla salute fisica e forse anche alla pace dell'anima»[51] e non essendo sicuro della «capacità scientifica nella teologia morale»[52] del giovane presbitero che, come emerge da quanto esposto sinora, non aveva seguito un regolare corso di studi nei conventi della Provincia religiosa e non aveva mai partecipato «alla soluzione dei casi di morale che venivano discussi mensilmente nei conventi della provincia monastica»[53]. Due pregiudiziali causate da quella misteriosa malattia che lo teneva lontano dalle mura claustrali. Una malattia che sembrava volergli precludere persino il traguardo del sacerdozio e che successivamente ne stava limitando il ministero. Una malattia che padre Benedetto aveva giudicato in un primo tempo come esito dei «divini disegni», dell'«alto decreto di Dio», come «una speciale permissione di Dio»[54], come espressione della «volontà misteriosa ma chiara di Dio»[55]. Ma, a distanza di anni, verificando che «l'esperienza dell'aria nativa è stata fatta e si è visto che mantiene e non guarisce»[56], cominciò a non credere più «che sia il Signore» a volere Padre Pio «fuori del chiostro», chiedendosi «come mai Dio possa, per maggior perfezione, prendere un'anima dal chiostro per metterla per sempre in mezzo al secolo»[57] e arrivò a persuadersi che la volontà divina non c'entrasse affatto[58], che in realtà si trattava di una «tentazione»[59], «d'un'illusione diabolica», di «un inganno del nemico»[60].

Solo quando il Ministro Provinciale ebbe la certezza che nel frate di Pietrelcina agiva «la grazia», concedette la sospirata facoltà di confessare.

«La divina pietà»[61], superata la prova, sconfisse il piano diabolico che voleva ostacolare la missione di riconciliazione tra Dio e gli uomini di colui che sarebbe diventato, per i penitenti, «un'immagine viva del Cristo sofferente e risorto»[62], ben sapendo che sarebbe stato proprio «il ministero di confessore a costituire il maggior titolo di gloria e il tratto distintivo»[63] di quel giovane sacerdote Cappuccino.

Satana riuscì nuovamente a tenere Padre Pio lontano dal confessionale nel 1931, quando una serie di calunnie, apparentemente attendibili, indusse il Sant'Uffizio a privarlo di «tutte le facoltà del ministero [sacerdotale], ad eccezione solamente della facoltà di celebrare la s. Messa, ma soltanto tra i muri del convento, nel sacello interno, privatamente, non nella pubblica chiesa»[64]. Anche questa volta, però, il piano diabolico non ebbe effetti duraturi nel tempo. Il 14 luglio 1933 il Cappuccino segregato fu nuovamente autorizzato a celebrare nella chiesa conventuale e «ad ascoltare le sacramentali confessioni dei Religiosi dell'Ordine nello stesso convento, ma fuori dalla Chiesa»[65]. Otto mesi dopo poté tornare a confessare gli uomini[66] e, dopo ulteriori due mesi, anche le donne[67].

2. Le confessioni diventavano conversioni

Si può ben comprendere il motivo per cui il diavolo ha tentato con ogni mezzo di tenere Padre Pio lontano dal confessionale. Per i suoi penitenti, infatti, l'efficacia sacramentale si traduceva in un reale cambiamento di vita, come dimostrano alcuni episodi di cui è rimasta traccia, tra le innumerevoli storie di rinascita spirituale vissute all'ombra del convento dei frati Cappuccini di San Giovanni Rotondo.

Ebbe il suggello della confessione la conversione dell'avvocato genovese Cesare Festa, che nella massoneria «aveva raggiunto una delle cariche più eminenti» e aveva il compito «di combattere la Chiesa dal punto di vista politico». Incuriosito dai racconti su Padre Pio che gli faceva il cugino medico, Giorgio Festa, nel 1921 l'avvocato si recò a San Giovanni Rotondo dove il Cappuccino stigmatizzato gli rivelò la sua appartenenza alla setta. Poi «lo prese per mano, lo fissò lungamente negli occhi con uno sguardo di infinita pietà e di tenerezza, [...] cominciò a narrargli la parabola del Figliuol Prodigo». Così Cesare Festa «dopo oltre venticinque anni da che più non conosceva né Chiesa, né sacramenti, né preghiera, pasciuto sempre di idee contrarie alla Fede, si piegò commosso e felice, dinanzi alla grande Maestà di quel Vero che è gioia e consolazione degli spiriti forti; è così che, nella confessione dei suoi errori, volle imporsi una completa rinunzia dei falsi ideali sino a quel momento perseguiti»[68].

Aveva già abbandonato la massoneria, ma non aveva ancora trovato la fede, invece, Alberto Del Fante, un commerciante di Bologna, con «laurea in diritto amministrativo» conseguita presso «l'Università Voltaire di Parigi»[69]. Dopo aver pubblicato su *Italia Laica* «alcuni articoli» contro Padre Pio, descrivendolo come «un mistificatore, uno scaltro che sapesse abbindolare la gente credula e facile all'entusiasmo», «la guarigione improvvisa, indiscussa e indiscutibile» di un suo nipote lo fece «pensare e riflettere». Non riusciva a darsi una spiegazione del fatto che «la scienza lo aveva condannato inesorabilmente» come incurabile, mentre poi, di colpo, «è ritornato sano, vispo, allegro come prima» e per giunta «alla data esatta, pronosticata alcuni giorni prima» dal frate. Del Fante decise di conoscerlo e, nel 1930, si recò a San Giovanni Rotondo carico di domande[70]. La sera stessa del suo arrivo si confessò da Padre Pio, che sapeva tutto di lui. Era al corrente che aveva fatto parte di «una società che riconosce Dio, ma che non ama i suoi ministri». E conosceva anche alcuni comportamenti del commerciante «che non poteva sapere». Nonostante il suo scetticismo, in quella confessione, Del Fante chiese al frate di donargli «la pace dello spirito», di dargli «la Luce». Padre Pio gli promise: «L'otterrai, se persisterai nell'amare Dio». A questo punto il penitente si sfogò dicendo: «Dio, Dio... e perché non mi illumina, Padre? Perché non mi fa credere, perché non vuole che io sia un buon cristiano?». In quel momento non ottenne una risposta chiara. Ma i dubbi furono l'inizio di un cammino che lo portò alla fede, passato anche attraverso la sbalorditiva guarigione del nipote[71].

L'on. Giuseppe Caradonna, «membro del governo e vicepresidente della Camera» nel ventennio fascista, era «trentatreesimo grado della massoneria»[72]. Nel 1928 fu guarito istantaneamente dal morbo di Addison a San Giovanni Rotondo, dove si era recato per accontentare la moglie, Michela Giuseppina Tamborino, fervente donna di fede e dirigente dell'Azione Cattolica. Padre Pio prese tra le mani il volto dell'autorevole esponente fascista. Disse soltanto: «Speriamo in Dio». E «dal viso di Caradonna sparirono immediatamente tutte le macchie». Ma egli non si convertì ancora alla fede cattolica[73]. Fu necessario un altro prodigio: nell'aprile del 1945 Padre Pio apparve tra lui e il plotone di esecuzione di partigiani che stava per fucilarlo, «impedendo che le armi sparassero».

Questo episodio fece capitolare ogni resistenza di Caradonna, che si recò nuovamente a San Giovanni Rotondo e, dopo essersi confessato, tornò ad accostarsi alla mensa eucaristica[74].

La conversione più clamorosa, di cui si occuparono molti giornali nella primavera del 1950, fu quella della comunista Italia Betti, professoressa di matematica e fisica al liceo "Galvani" di Bologna, «parente del sindaco» della città, l'«onorevole Dozza (il fratello ha per moglie la sorella del Sindaco), sorella dell'assessore che celebrò il matrimonio quasi clandestino di Terracini», nota in tutta l'Emilia Romagna perché «si era battuta con calore per portare nuovi aderenti al partito». Italia aveva scoperto di avere un cancro. La sorella minore, Emerita, l'unica che aveva "ereditato" la fede della madre, dopo tanto insistere, la convinse a recarsi a San Giovanni Rotondo. «Davanti al frate Cappuccino, al quale si attribuiscono tanti prodigi, la professoressa Betti ha provato uno strano smarrimento; confidò alla sorella che le era vicina che si sentiva come spinta verso l'altare dove Padre Pio stava celebrando la messa. Anche quando la funzione ebbe termine, la professoressa Betti non volle abbandonare il sacro luogo. Soltanto dopo le insistenze di un frate si decise ad andarsene, ma dopo essersi prenotata per la confessione all'indomani [...]. Il giorno seguente, trascinata dall'impeto e dalla commozione, la signorina Betti, senza attendere il suo turno, si precipitò al confessionale e pubblicamente abiurò le sue idee materialiste, il suo passato»[75].

Meno clamore suscitò il radicale cambiamento di vita di Giovanni Bardazzi, un tassista di Prato che trascorreva più tempo nella «Casa del Popolo, sede del Pci», che nella sua abitazione e metteva piede in chiesa «una volta l'anno, per contentare la moglie», ma le sue «idee erano tutte all'opposto»[76]. Era stato «anche a Mosca, nel 1947, con Togliatti»[77]. Padre Pio andò a trovarlo nella sua stanza da letto, di notte, in bilocazione e gli disse: «Mo' basta! T'aspetto a S. Giovanni Rotondo»[78]. Fu la molla che fece scattare in lui il desiderio di conoscere questo Cappuccino di cui gli parlava continuamente la sua cattolicissima moglie, che pregava sempre per la sua conversione. Durante il viaggio, Giovanni diceva fra sé: «Ora vado da questo frate e gli spiego come stanno le cose. Le cose del partito lui non le sa mica. Che volete che sappia un frate. E quando gliele avrò spiegate rimarrà a bocca aperta, mi darà ragione e diventerà comunista anche lui»[79]. Giunto sul posto ebbe altri segni soprannaturali, tuttavia dovette ripartire senza assoluzione e senza aver potuto spiegare le sue ragioni a Padre Pio, che gli richiuse lo sportellino del confessionale in faccia[80]. Per altre due volte Bardazzi non ricevette l'assoluzione dal frate, che gliela concesse solo al termine di un reale cambiamento di mentalità, seguito a un più rapido cambiamento di vita[81].

3. Burbero solo in apparenza

Sono tanti coloro che hanno fatto la stessa traumatica esperienza di Giovanni Bardazzi. Anzi, qualcuno non solo si è rialzato dall'inginocchiatoio senza assoluzione, ma ha dovuto anche subire l'umiliazione di essere cacciato a voce alta davanti agli altri penitenti in attesa del proprio turno.

Scrive fr. Eusebio Notte, che per cinque anni è stato il bastone della vecchiaia del venerato Figlio di san Francesco:

«Il confessionale era l'unico mezzo per avvicinare Padre Pio e chiedergli qualche consiglio perciò tutti volevano andare a confessarsi. Una folla enorme, con un galateo tutto particolare... fatto di litigi, baruffe, parolacce... pur di raggiungere lo scopo. All'accusa dei peccati e al pentimento delle colpe non ci pensava nessuno. Questo uno dei motivi principali per cui il Padre mandava via senza assoluzione. Non voleva che il sacramento della confessione fosse profanato con il suo coinvolgimento!

Fu allora che il Superiore ebbe l'idea della prenotazione: una cosa veramente strana, ma che in un certo senso risolse il problema.

Cinquanta o sessanta donne che presumibilmente il Padre avrebbe confessato ogni mattina, venivano preparate al modo come dovevano confessarsi.

Non cominciare con i quesiti o le domande di cose materiali: queste erano riservate alla fine della confessione. La precedenza era riservata ai peccati mortali, al numero, alla specie, e poi ai peccati veniali.

Questi peccati, per ottenere l'assoluzione di Padre Pio e il perdono di Dio, supponevano una cosa importante: riconoscere di aver sbagliato, trasgredendo i comandamenti del Signore, e pentirsi [...]. Allora l'assoluzione era garantita e si trovava non Padre Pio giudice, ma un padre con una dolcezza infinita, che ti invitava alla conversione e al ravvedimento.

Una confessione fatta in questo modo, ti autorizzava a chiedere al Padre tutto quello che volevi.

Se non si rispettavano queste norme o, peggio ancora, se non c'era un certo pentimento, il Padre lo provocava chiudendoti lo sportello in faccia senza troppa grazia. [...] Da notare, però, che non ti mandava all'inferno, ma aggiungeva sempre: "Va' via e torna fra un mese, due mesi" ecc. Il ritorno e la conversione erano quasi sicuri. Sigillati da una confessione dolcissima e indimenticabile»[82].

Lo stesso Padre Pio, di suo pugno, ha attestato:

«Il tutto si compendia in questo: sono divorato dall'amore di Dio e dall'amore del prossimo. Dio per me è sempre fisso nella mente e stampato nel cuore. Mai lo perdo di vista: mi tocca ammirare la sua bellezza, i suoi sorrisi, ed i suoi turbamenti, le sue misericordie, le sue vendette o meglio i rigori della sua giustizia [...]. Credetemi pure, padre, che delle sfuriate, che alle volte ho fatto, sono causate proprio da questa dura prigionia [...]. Come è possibile vedere Dio che si contrista pel male e non contristarsi parimenti? Vedere Dio che è sul punto di scagliare i suoi fulmini, e per pararli altro rimedio non vi è se non alzando una mano a trattenere il suo braccio, e l'altra rivolgerla concitata al proprio fratello, per un duplice motivo: che gittino via il male e che si scostino, e presto, da quel luogo dove sono, perché la mano del giudice è per scaricarsi su di esso? Credete pure, però, che in questo momento il mio interno non resta punto scosso e menomamente alterato. Non sento altro se non di avere e di volere quello che vuole Dio. Ed in lui mi sento sempre riposato, almeno coll'interno sempre; coll'esterno qualche volta un po' scomodo»[83].

Quando, poi, veniva meno la necessità pedagogica del rimprovero, il volto del Cappuccino stigmatizzato tornava immediatamente sereno. Padre Carmelo Durante da Sessano del Molise, che è stato guardiano del convento di San Giovanni Rotondo dal 1953 al 1959, ha trascritto due ricordi eloquenti:

«Dopo un rabbuffo bastava che volgesse il capo per vederlo di nuovo sorridente, come se nulla fosse. Mi capitò una volta di osservarlo, e ne rimasi stupito, tanto che gli dissi: "Ma, Padre, un istante fa sembrava finito il mondo, ora invece tutto è cielo!". E lui: "Figlio mio, mi son turbato solo alla superficie; ma dentro, nel cuore, c'è sempre tanta calma e serenità"»[84].

«Un giorno bistrattò un'anima. Al lamento di una persona che era presente: "Ma, Padre, l'avete ammazzata quell'anima!", spiegò: "No, l'avrei stretta al cuore!"»[85].

Una condizione speciale, quindi, per uno speciale ministro della Riconciliazione. Egli, infatti, «ammoniva i sacerdoti a non scimmiottarlo. Ad un confessore che mandò via un penitente che non tornò più, disse: "È un lusso che tu non puoi permetterti...!"»[86]. In un'altra circostanza, quando alcuni confratelli sacerdoti gli chiesero: «Quando lei non assolve, quelle anime vengono da noi. Come dobbiamo regolarci: assolvere o no?», rispose: «Voi dovete assolvere. Padre Pio è uno solo»[87]. Il contatto diretto con il Signore consentiva, infatti, a quel frate non solo di scrutare i cuori, ma anche di conoscere il percorso di purificazione più efficace per ottenere dai peccatori un pentimento più profondo, una vera e propria rinascita.

A qualche suo confratello così spiegava il suo comportamento: «Se vedo che non c'è pentimento, non posso certo dare l'assoluzione»[88].

Una volta padre Pellegrino Funicelli, che aveva con lui una grande confidenza, gli chiese: «Quelle persone da lei lasciate senza assoluzione, in caso di morte improvvisa, corrono il rischio di dannarsi?». Il santo rispose: «Ma chi ti dice che quelle anime sono in disgrazia di Dio?». Obiettò padre Pellegrino: «E se non sono in disgrazia di Dio, perché non possono avvicinarsi all'Eucaristia?». Replicò: «Perché devono fare una penitenza particolare».

In alcuni casi era lui stesso a consigliare a chi non aveva assolto: «Ora vai a confessarti da un altro»[89].

Quel modo di fare era, comunque, così fuori dal comune che ne fu informato persino il papa, Pio XII. Ricevendo in udienza un gruppo di pellegrini della Toscana, fermatosi a Roma mentre tornava dal Gargano, il Pontefice sentì gridare: «Santità, noi veniamo da San Giovanni Rotondo». Il Santo Padre si avvicinò e chiese notizie di Padre Pio. «Ci siamo confessati con lui», risposero, «ma nessuno di noi ha ricevuto l'assoluzione». «Me lo hanno detto che quel sant'uomo spesso nega l'assoluzione», replicò il papa Pacelli. E poi chiese: «Quelli che non hanno ricevuto l'assoluzione in seguito ritornano?». «Quasi tutti», ammisero i pellegrini toscani. «E allora», concluse il Pontefice, «quando ritornerete anche voi, ditegli a nome mio che continui ad agire così»[90].

4. Severità e amore di padre

«Nel ministero del Confessionale P. Pio mirava solo alla salvezza delle anime»[91]. «Concepiva la sua opera di confessore come un aiuto a far rinascere le persone, a farle diventare nuove. È nel confessionale che egli è stato un educatore, secondo il significato etimologico di questo termine, che si riferisce proprio alla capacità di far emergere in una persona la sua vera realtà, al di là di ogni ostacolo e di ogni limite. E la sua durezza era manifestazione della consapevolezza, da parte sua, di quanto fosse delicato questo compito!»[92]. Infatti ammoniva: «Noi sacerdoti amministriamo il sangue di Cristo. Attenti a non buttarlo con facilità e leggerezza»[93]. E, quando un sacerdote cercò di perorare la causa di un penitente mandato via senza assoluzione, il santo Cappuccino rispose: «Anche tu non mi comprendi? Se sapessi come soffro nel dover negare l'assoluzione!... Sappi che è meglio essere rimproverato da un uomo su questa terra che da Dio nell'altra vita»[94].

Padre Pio, dunque, non voleva «umiliare il peccatore, facendogli sentire il peso delle proprie miserie», ma «fargli acquisire la responsabilità di fronte ad una salvezza che gli veniva offerta»[95]. «La sua missione è stata autenticamente e profondamente pedagogica»[96] e aveva l'obiettivo di far «comprendere che dopo la confessione si appartiene ad una vita nuova, nella quale era necessario vivere ed operare secondo un progetto che ci vedeva belli, santi, così come Dio ci aveva pensati»[97]. Ecco perché, accanto a quelli che ricordano il Padre Pio "burbero", esistono anche tanti che hanno fatto l'esperienza di un papà affettuoso, comprensivo e misericordioso. Sono coloro che si sono inginocchiati davanti a lui realmente pentiti e con il fermo proposito di abbandonare la via del peccato.

Lo dimostra la testimonianza di una suora, sua penitente:

> «Era un giudice severo quando occorreva esserlo (ne ho fatto spesso personale esperienza), ma poi l'anima avvertiva subito il padre tenerissimo, che arrivava a versare lacrime di compassione e di amore per essa»[98].

Ancora più significativo, a tal proposito, è un episodio di cui è stato indiretto protagonista il professor Francesco Lotti, ex primario di Pediatria di "Casa Sollievo della Sofferenza", narrato più volte dallo stesso medico:

> «Un giorno io ero in attesa di confessarmi. Si avvicina a me un personaggio di qui[99]. Era molto agitato e mi disse:
> "Senta, lei mi conosce?".
> "Sì. Sì, certo la conosco".
> "Sa, io vorrei che lei mi facesse una cortesia...".

" Se posso. Mi dica".

"Lei dovrebbe dire a Padre Pio se posso andarmi a confessare da lui, che non mi tratti male".

"Mah, non capisco. Non è che Padre Pio tratta male…".

"No. Sa, mi è successo questo: purtroppo ho avuto una relazione extraconiugale con una ragazza e adesso pare che questa aspetti un bambino. E io, quindi, nella mia posizione… se scoppia questo scandalo…".

Allora non era come oggi. Oggi queste cose non fanno più molta impressione. Allora erano cose certamente molto rilevanti.

Mi dice: "Io voglio andare a confessarmi da lui, ma non ho il coraggio, se mi fa una parte davanti a tutti… lei capisce… nella mia posizione…".

"Mah", dico, "non lo so… Vedrò se riesco a dire qualcosa a Padre Pio… Vediamo".

Finita la mia confessione dico: "Padre, lo vede…".

"E come, non lo vedo!".

"… Eh, quello, sa… quello così, così, così… è successo…".

Padre Pio mi guardò e disse: "Ma tu ti sei scandalizzato?".

"Be' un pochino sì", ho detto, "per la persona… frequenta il convento da tanti anni, sta sempre vicino a lei, un pochino mi sono scandalizzato".

E lui mi disse: "Vedi, se il Signore leva per un solo momento la sua mano dalla testa mia e dalla tua, noi faremmo molto peggio. Digli che venga qua e non lo tratterò male davanti a tutti".

E così fu, naturalmente»[100].

Fa riflettere, inoltre, il racconto di un altro medico di Casa Sollievo della Sofferenza, il dottor Giuseppe Sala:

«Quando mi confessai la prima volta mi rimandò e mi disse di ritornare dopo un mese. Lo stesso fece per mia moglie la quale, a differenza di me, non accettò molto serenamente il suggerimento e si riconfessò da P. Pio dopo quattro giorni. Tutte le altre volte in confessione mi ha trattato con molta paternità e affabilità. Anche con altre persone ho potuto sperimentare la grande efficacia del suo contatto in confessionale. Ricordo l'episodio del prof. Rosario Scalabrino, docente all'Univ. di Milano, fortissimo anticlericale. Venne a trovarmi a S. Giovanni Rotondo perché voleva confessarsi da P. Pio. Con mia grande meraviglia lo accompagnai dal Padre e lo feci confessare. Lo rividi subito dopo e mi espresse gratitudine e gioia per l'incontro avuto con P. Pio. Dopo tre giorni morì»[101].

Il metodo cambiava a seconda delle necessità, ma i sentimenti di quel confessore erano sempre gli stessi: orrore per il peccato e amore per il peccatore. Come dimostra la testimonianza di una donna:

«M'inginocchiai dinanzi a Padre Pio col cuore in gola. Ero confusa, non capivo nulla. Ma le ultime parole recise e dure, con cui mi scacciò dal confessionale, le capii benissimo. Fu una mazzata benefica che non potrò mai dimenticare. Più tardi, un giovane andò da Padre Pio a intercedere per me. Ed egli rispose: Cosa credi? Che io abbia un cuore di sasso? L'ho fatto per il suo bene. Parta, e la mia benedizione l'accompagnerà sempre. Dopo nove anni vissuti in serenità gli sono grata di avermi allora scacciata via dal suo confessionale»[102].

L'ultima attestazione è di un penitente del Cappuccino, la cui parola ha assunto ulteriore autorevolezza anche in funzione del ruolo a cui lo Spirito Santo lo ha chiamato. Si tratta di san Giovanni Paolo II, che ha scritto:

> «Durante la confessione Padre Pio si è dimostrato come confessore che aveva un semplice e chiaro discernimento e che trattava il penitente con un grande amore»[103].

5. L'obiettivo era il cambiamento di vita

Nel confessionale, quindi, più che in ogni altro ambito della sua vita, della sua missione e, in particolare, del suo ministero sacerdotale, Padre Pio si è rivelato icona del «Cireneo che porta la croce di molti, affinché in esso si compia il detto dell'apostolo: supplire e perfezionare ciò che manca ancora alla passione di Cristo»[104], come egli stesso si definì. «C'è un'espressione ricorrente nelle conversazioni tra Padre Pio e i suoi penitenti: "Quanto mi sei costato!"». E anche ai suoi confratelli ricordava più volte «che le anime si acquistano davanti a Dio attraverso il sacrificio e la penitenza»[105].

Egli si sentiva «quasi il terzo interlocutore nel dialogo tra Dio e il peccatore»[106], come dimostra un'espressione forte utilizzata in una lettera al suo direttore spirituale:

«Per i fratelli poi? Ahimè! quante volte, per non dire sempre, mi tocca dire a Dio giudice, con Mosè: o perdona a questo popolo o cancellami dal libro della vita»[107].

Appare chiaro, dagli episodi descritti in precedenza, che questo singolare confessore non pesava con il bilancino la gravità delle colpe commesse. Sapeva che il peccato, ogni peccato, segna una frattura nel rapporto di amore tra l'uomo e Dio. «Preferirei mille volte la morte», scriveva, «anziché determinarmi a offendere un Dio sì buono»[108]. E voleva trasfondere la stessa consapevolezza nel cuore di coloro che chiedevano la sua assoluzione. «Ecco perché Padre Pio era molto esigente nel richiedere una seria preparazione alla confessione sacramentale: le testimonianze processuali su questo sono concordi. Poiché egli desiderava che il penitente intraprendesse realmente una vita nuova, che andasse ben al di là di un semplice proposito, voleva che attraverso l'esame di coscienza il penitente si compenetrasse non tanto nella gravità del singolo peccato, quanto nella sua situazione di persona che stava rifiutando una proposta di amore che poteva essere risolutiva per la sua esistenza»[109]. Ciò spiega la sua grande severità «nell'infondere nei suoi penitenti l'odio del peccato»[110] e l'utilizzo di espressioni forti. Quando un giovane, «stanco e deluso della vita e del modo come la viveva», gli disse: «Padre, mi aiuti; ho bisogno della sua preghiera. Mi aiuti a peccare di meno», il Cappuccino scattò e gli rispose, quasi urlando: «Giovanotto, non devi peccare più, hai capito? Il "peccare di meno" non esiste. Il peccato è la morte dell'anima»[111]. In un'altra circostanza, dopo aver ascoltato le colpe confessate da un peccatore, commentò: «Hai sciolto un inno a satana, mentre Gesù nel suo sviscerato amore, si è rotto il collo per te!...»[112]. Una terapia d'urto che, però, si rivelava efficace: «Spesso il penitente usciva dalla confessione piangendo, realmente consapevole della situazione di morte in cui si era venuto a trovare»[113].

In questa prospettiva l'atto peccaminoso in sé non solo assumeva un'importanza relativa ma, anche se grave, agli occhi di Padre Pio poteva diventare uno strumento della misericordia di Dio. «Perfino gli stessi peccati, da cui Iddio per sua bontà ci tiene lontani», scriveva a una sua figlia spirituale, «dalla sua divina provvidenza sono ordinati al bene di quelli che a lui servono. Se il santo re Davide mai non avesse peccato, mai non avrebbe acquistato un'umiltà così profonda; né la Maddalena avrebbe tanto ardentemente amato Gesù, se egli non l'avesse perdonato tanti peccati e non avrebbe Gesù potuto a lei perdonarli, se ella non li avesse commessi»[114].

Il peccato, dunque, secondo il Cappuccino stigmatizzato può essere uno strumento di morte[115] o di umiltà[116]. A fare la differenza è unicamente l'atteggiamento del peccatore.

Tocca a lui scegliere. E, quando il pentimento e il proposito di abbandonare la strada dell'egoismo erano sinceri, il santo frate diventava l'icona dell'amore paterno del Signore. «La misericordia di Dio, figlio mio», dice a un penitente trafelato, ansante che si abbatte sulle grate del confessionale, «oltrepassa infinitamente la tua malizia»[117].

Da quel momento «Padre Pio si faceva realmente compagno di viaggio di coloro che andavano da lui a confessarsi»[118] e la confessione diventava mezzo di direzione spirituale o primo fondamentale passo per l'inizio di un tale percorso guidato.

Questo è stato, dunque, l'atteggiamento di fondo che ha trasformato il Cappuccino stigmatizzato da semplice confessore in evangelizzatore attraverso il confessionale, in dispensatore della misericordia del Signore. Non i suoi doni carismatici.

Giovanni Paolo II, nell'omelia della Messa di canonizzazione, ha sottolineato:

> «Il ministero del confessionale, che costituisce uno dei tratti distintivi del suo apostolato, attirava folle innumerevoli di fedeli al convento di San Giovanni Rotondo. Anche quando quel singolare confessore trattava i pellegrini con apparente durezza, questi, presa coscienza della gravità del peccato e sinceramente pentiti, quasi sempre tornavano indietro per l'abbraccio pacificante del perdono sacramentale»[119].

E aggiunse un auspicio:

> «Possa il suo esempio animare i sacerdoti a compiere con gioia e assiduità questo ministero, tanto importante anche oggi»[120].

6. Le conversioni continuano

Padre Pio diceva di sé: «Farò più chiasso da morto che da vivo». Quando pronunciava queste parole non pensava certamente solo alle persecuzioni e alle calunnie che non sono terminate né con la fine del suo cammino terreno né con il riconoscimento ufficiale della sua santità da parte della Chiesa. Il suo sguardo profetico guardava anche alla straordinaria azione di grazia che si irradia dall'urna che custodisce il suo corpo mortale, intorno alla quale, ogni anno, si inginocchiano circa sette milioni di persone. Persone che pregano, che partecipano alle Messe, che fanno la Comunione, che si accostano al sacramento della Riconciliazione.

Oggi la missione di Padre Pio viene continuata dai suoi confratelli. E anche ora si riscontra quella grazia concessa dal Signore a questo luogo sperduto dell'Italia meridionale attraverso il santo stigmatizzato.

Ormai da diversi anni l'Ordine dei Frati Minori Cappuccini, nel periodo primavera-estate-autunno, invia a San Giovanni Rotondo sacerdoti da diverse parti del mondo per aiutare quelli della locale Fraternità nelle confessioni, soprattutto nelle lingue straniere.

A fr. Achylles Chiappin, brasiliano, è capitato di dare l'assoluzione a un uomo «di un Paese lontano dall'Europa». Per ovvi motivi non ha potuto aggiungere altri particolari. «Quest'uomo aveva ucciso undici persone nella sua vita da malavitoso. Poi è scattato qualcosa in lui. Qualcosa che non ha rivelato o che è rimasta sepolta nel segreto della confessione. Questo "qualcosa" lo ha comunque portato fino alla chiesa di Padre Pio, sul Gargano, per chiedere a un frate: "Come posso riparare il grande danno che ho arrecato alle famiglie delle persone che ho ucciso?"».

Anche fr. Josué Fernando Flores Gamboa, di Silos, in Colombia, «ha avuto simili esperienze. Per esempio quella di un suo connazionale, un colombiano, che per caso si è inginocchiato al suo confessionale. La confessione era cominciata in italiano. Poi la scoperta delle comuni origini e i due hanno continuato a parlare nella loro lingua. Il penitente ha raccontato la sua vita dissoluta e l'inizio di un cammino di cambiamento. C'era solo un vago proposito. Nel frattempo continuava a vivere vendendo droga. Finché un giorno "venne fermato dalla polizia proprio mentre aveva con sé una bustina piena di 'polvere bianca'". Poteva essere l'inizio della sua fine. Il carcere non avrebbe certo favorito i suoi propositi di conversione. Anzi, probabilmente lo avrebbe trasformato in un delinquente incallito. Invece, "mentre la polizia lo perquisiva, la busta con la droga gli è caduta per terra e sopra è caduta un'immagine di Padre Pio che aveva con sé, coprendo la droga". Lo scampato pericolo e il modo con cui è riuscito ad evitare l'arresto hanno fatto maturare la scelta definitiva»[121]. La scelta di una radicale conversione.

Dopo l'esposizione di queste testimonianze possiamo affermare, con documentata certezza, che Padre Pio è un santo che ottiene miracoli. Ma, quando lo diremo, non penseremo più alle guarigioni inspiegabili, che pure continuano ad avvenire. Non penseremo a "Casa Sollievo della Sofferenza", da molti giustamente chiamata il «miracolo della carità», che pure continua a rigenerare tanti corpi e tanti spiriti colpiti dalla malattia. Penseremo principalmente a tante anime che qui ritrovano Dio, e quindi non la salute e la vita terrena, che comunque, prima o poi dovranno finire. E lo ritrovano grazie a un uomo che ha accettato di essere per 58 anni il «rappresentante stampato» del suo Figlio in croce.

Note al capitolo I

1. «Lettera di Padre Pio a padre Benedetto da San Marco in Lamis del 3 giugno 1919», in P. da Pietrelcina, *Epistolario*, M. da Pobladura, A. da Ripabottoni (Ed.), Edizioni Padre Pio da Pietrelcina, San Giovanni Rotondo (FG) 1995, vol. I, p. 1145.

2. La prima notizia "breve", non firmata, su Padre Pio è stata pubblicata il 9 maggio 1919, meno di otto mesi dopo quel 20 settembre 1918, quando sul corpo del frate Cappuccino, all'epoca trentunenne, erano comparse le stimmate permanenti (cfr. Anonimo, «I "miracoli" di un Cappuccino a S. Giovanni Rotondo», in *Il Giornale d'Italia*, anno XIX, n. 123, 9 maggio 1919, quarta edizione).

3. «Lettera di Padre Pio a padre Benedetto del 3 giugno 1919», in *Epistolario*, cit., vol. I, p. 1145.

4. A partire dal 1908, in seguito alle disposizioni della Santa Sede, la Filosofia venne chiamata Liceo. Cfr. G. da San Giovanni Rotondo, «Cenni sulla vita di Padre Pio dal noviziato alla Sacra Eloquenza», CP, XLV, pp. 9665-9671, in M. Iafelice, «La Fraternità del convento dei Cappuccini e il paese di Serracapriola nell'anno di permanenza di Padre Pio: 1907-1908. Tentativi di ricostruzione storica» in *Studi su Padre Pio*, anno X, n. 1, gennaio-aprile 2009, p. 91.

5. Cfr. «Lettera di padre Agostino da San Marco in Lamis a Fra' Pio del 27 maggio 1909», in A. da San Marco in Lamis, *Diario*, Edizioni Padre Pio da Pietrelcina, San Giovanni Rotondo (FG) 2012, p. 317.

6. I. da Teano, «Il mio pensiero su Padre Pio da Pietrelcina», in F. da Riese Pio X, *Padre Pio da Pietrelcina, crocifisso senza croce*, Edizioni Padre Pio da Pietrelcina, San Giovanni Rotondo (FG) 2007, p. 73.

7. Cfr. *ivi*, p. 74; A. da Ripabottoni, «Vita del Servo di Dio Padre Pio da Pietrelcina dei Frati Minori Cappuccini», in *Beatificationis et Canonizationis Servi*

Dei Pii a Pietrelcina. Positio super virtutibus, Tipolitografia Signum, Bollate (MI) 1997, vol. III/1, p. 83.

8. *Beatificationis et Canonizationis Servi Dei Pii a Pietrelcina. Positio super virtutibus*, vol. IV, sezione III, Tipografia Favia, Bari 1997, p. 71.

9. Cfr. A. da Ripabottoni, *Padre Pio da Pietrelcina. Un Cireneo per tutti*, Centro culturale francescano, Foggia 1974, p. 100.

10. Cfr. B. da San Marco in Lamis, «Cronistoria di P. Pio», in F. Castelli, *Padre Pio sotto inchiesta. L'«autobiografia segreta»*, Edizioni Ares, Milano 2008, p. 291.

11. Cfr. G. Di Flumeri, *Il Beato Padre Pio a Serracapriola*, Edizioni Padre Pio da Pietrelcina, San Giovanni Rotondo (FG) 2000, pp. 31-32. Alcuni autori sostengono che la permanenza di fra Pio nel convento di Serracapriola durante l'anno scolastico 1907-1908 sia durata solo due mesi, perché le sue condizioni di salute indussero i superiori a farlo «tornare» a Pietrelcina. Ma tali affermazioni non sono confermate da alcuna «documentazione archivistica». (Cfr. M. Iafelice, *La Fraternità del convento dei Cappuccini e il paese di Serracapriola*, cit., p. 78).

12. Padre Agostino da San Marco in Lamis, al secolo Michele Daniele, nacque a San Marco in Lamis, in provincia di Foggia, il 9 gennaio 1880. Indossò l'abito Cappuccino il 19 agosto 1897 e, dopo il noviziato, fu inviato dai superiori nella Provincia religiosa della Toscana per compiere gli studi ecclesiastici superiori. Fu ordinato sacerdote il 15 marzo 1903 e, dopo essere tornato nella Provincia religiosa di Foggia, seguì corsi di specializzazione in greco e in francese nelle scuole statali e vinse il concorso interno all'Ordine per la cattedra di filosofia. Fu per nove anni ministro provinciale. È morto a San Giovanni Rotondo il 14 maggio 1963.

13. Cfr. «Lettera di padre Agostino a Fra' Pio del 27 maggio 1909», in A. da San Marco in Lamis, *Diario*, cit., p. 318.

14. Cfr. «Lettera di padre Agostino a Fra' Pio del 28 maggio 1909», *ivi*, pp. 319-320.

15. Monsignor Benedetto, al secolo Pompeo dei conti Bonazzi, benedettino cassinese, nacque a Napoli il 12 ottobre 1840; all'età di sette anni entrò nello studentato benedettino della Trinità, a Cava dei Tirreni. Fu ordinato sacerdote il 19 dicembre 1883 e, due anni dopo, conseguì la laurea in lettere presso l'Università di Napoli, dove insegnò letteratura. Legò il suo nome al dizionario greco-italiano, che pubblicò nel 1880. Il 7 marzo 1894 fu eletto abate ordinario della comunità benedettina di Cava dei Tirreni e, il 9 giugno 1902, fu nominato arcivescovo di Benevento (cfr. *Annuario Pontificio*, anno 1911, p. 127). Morì il 23 aprile 1915 senza essere stato creato cardinale.

16. Cfr. «Lettera di padre Agostino a Fra' Pio del 30 maggio 1909», in A. da San Marco in Lamis, *Diario*, cit., p. 320.

17. Cfr. «Lettera di padre Agostino a Fra' Pio del 27 maggio 1909», in *ivi*, p. 318.

18. Cfr. G. Di Flumeri, *Il Beato Padre Pio da Pietrelcina*, Edizioni Padre Pio da Pietrelcina, San Giovanni Rotondo (FG) 2001, p. 21.

19. Nato a Morcone il 3 aprile 1837, nel 1893 fu nominato vescovo ausiliare di Telese o Cerreto e titolare delle Termopile. Nel 1909 aveva 72 anni e risulta «domiciliato in patria» (cfr. *Annuario Pontificio*, 1909).

20. Cfr. M. Iafelice, *La Fraternità del convento dei Cappuccini e il paese di Serracapriola*, cit., pp. 80-81.

21. G. Di Flumeri, «Il lungo peregrinare del 1909», in *Voce di Padre Pio*, anno VIII, n. 10, ottobre 1977, p. 13.

22. Padre Benedetto da San Marco in Lamis, al secolo Giuseppe Gerardo Nardella, nacque a San Marco in Lamis, in provincia di Foggia, il 16 marzo 1872. Mentre frequentava le scuole professionali nella città capoluogo sentì la vocazione religiosa e l'11 dicembre 1890 vestì l'abito Cappuccino nel noviziato di Morcone. Terminò gli studi nella Provincia religiosa della Toscana. Fu ordinato sacerdote l'11 aprile 1898 e, subito dopo, vinse il concorso interno dell'Ordine per insegnare filosofia e fisica. Governò la Provincia religiosa di Foggia dal febbraio del 1908 al luglio del 1919. Fu inviato come visitatore generale nelle Province religiose di Bari-Lecce e Messina. Dal maggio del 1920 al novembre del 1921 fu vicedirettore e direttore spirituale del collegio internazionale "San Lorenzo da Brindisi" dei Frati Minori Cappuccini. Morì a San Severo il 22 luglio 1942.

23. «Lettera di padre Benedetto a Fra' Pio del 2 gennaio 1910», in *Epistolario*, cit., vol. I, p. 177. La Congregazione dei Religiosi, il 7 settembre 1909, aveva stabilito che in situazioni particolari gli studi ecclesiastici compiuti privatamente potevano essere considerati validi al fine dell'ordinazione sacerdotale.

24. Secondo le norme canoniche vigenti all'epoca era necessario aver compiuto i 24 anni.

25. Cfr. «Lettera di Fra' Pio a padre Benedetto del 22 gennaio 1910», in *Epistolario*, cit., vol. I, p. 178.

26. Cfr. «Lettera di Fra' Pio a padre Benedetto del 14 marzo 1910», in *Epistolario*, cit., vol. I, p. 180.

27. Fra Pio a Pietrelcina studiò su libri di sacra scrittura, di teologia dommatica, di teologia morale, di teologia spirituale, di sussidio per la predicazione, di storia "profana", una grammatica italiana, una di francese e una di greco, un vocabolario di italiano, due di latino e uno di greco, alcuni classici, altre opere, riviste e periodici. Ma questo elenco, già pubblicato in maniera dettagliata, è parziale poiché altri testi non sono stati conservati (cfr. G. Di Flumeri, «I libri di studio di Padre Pio», in *Voce di Padre Pio*, anno IV, n. 7-8, luglio-agosto 1973, pp. 24 e ss.).

28. Cfr. «Lettera di Fra' Pio a padre Benedetto del 26 maggio 1910», in *Epistolario*, cit., vol. I, pp. 182-183. Cfr. anche *ivi*, p. 183, n. 3.

29. «Lettera di Fra' Pio a padre Benedetto del 14 marzo 1910», in *Epistolario*, cit., vol. I, p. 180.

30. Cfr. *ibidem*.

31. «Lettera di Fra' Pio a padre Benedetto del 26 maggio 1910», in *Epistolario*, cit., vol. I, p. 182.

32. Cfr. «Lettera di Fra' Pio a padre Benedetto del 20 giugno 1910», in *Epistolario*, cit., vol. I, p. 185.

33. Cfr. «Lettera di Fra' Pio a padre Benedetto del 6 luglio 1910», in *Epistolario*, cit., vol. I, p. 187.

34. «Lettera di padre Benedetto a Fra' Pio del 6 luglio 1910», in *Epistolario*, cit., vol. I, p. 188.

35. Cfr. *Positio super virtutibus*, cit., vol. III/1, p. 90.

36. «Lettera di padre Benedetto a Fra' Pio del 6 luglio 1910», in *Epistolario*, cit., vol. I, p. 188.

37. «Lettera di Fra' Pio a padre Benedetto del 22 luglio 1910», in *Epistolario*, cit., vol. I, p. 190.

38. Cfr. *ibidem*, n. 2.

39. *Ivi*, p. 191.

40. «Lettera di padre Benedetto a Fra' Pio del 26 luglio 1910», in *Epistolario*, cit., vol. I, p. 191.

41. Cfr. *ivi*, p. 192.

42. Don Salvatore Maria Pannullo nacque a Pietrelcina il 7 gennaio 1849, divenne sacerdote a 23 anni, si laureò in «Belle lettere» e insegnò al collegio "Giannone" e al seminario di Benevento, divenendo anche direttore spirituale dei seminaristi. Nel 1883 fu trasferito al seminario diocesano di Catanzaro, come professore e direttore spirituale. Tornò nella sua terra a 52 anni, quando fu nominato arciprete parroco di Pietrelcina. Prese possesso canonico della parrocchia il 24 ottobre 1901. Francesco Forgione gli fece da chierichetto finché non entrò nel noviziato dei Frati Minori Cappuccini a Morcone (cfr. L. da Prata, A. da Ripabottoni, *Beata te Pietrelcina*, Frati Cappuccini, Pietrelcina (BN) 1994, pp. 91 e ss. e p. 134).

43. Cfr. «Lettera di Fra' Pio a padre Benedetto del 29 luglio 1910», in *Epistolario*, cit., vol. I, p. 193.

44. Cfr. «Lettera di Fra' Pio a padre Benedetto del 31 luglio 1910», in *Epistolario*, cit., vol. I, p. 194.

45. Monsignor Paolo Schinosi nacque a Benevento il 4 aprile 1827, il 19 aprile 1897 fu nominato vescovo titolare di Gaza e il 20 febbraio 1901 fu promosso arcivescovo titolare di Marcianopoli (cfr. *Annuario Pontificio*, 1903, p. 438).

46. Cfr. «Attestato dell'ordinazione sacerdotale», in *Positio super virtutibus*, cit., vol. III/1, p. 93.

47. Cfr. «Lettera di Fra' Pio a padre Benedetto del 31 luglio 1910», in *Epistolario*, cit., vol. I, p. 194.

48. Cfr. F. Grassi, L. Ingaldi, *I Pastori della Cattedra beneventana*, Tipografia "Auxiliatrix", Benevento 1969, p. 180.

49. Cfr. P. da Pietrelcina, *Epistolario*, cit., vol. I, p. 192, n. 1.

50. «Lettera di Padre Pio a padre Benedetto dell'aprile 1911», in *Epistolario*, cit., vol. I, p. 218. Padre Pio tornerà sull'argomento almeno altre tre volte (cfr. «Lettera di Padre Pio a padre Benedetto del 5 gennaio 1912», in *Epistolario*, cit., vol. I, p. 246; «Lettera di Padre Pio a padre Benedetto del 2 marzo 1912»,

in *ivi*, p. 262; «Lettera di Padre Pio a padre Benedetto del 15 marzo 1913», in *ivi*, p. 345).

51. «Lettera di padre Benedetto a Padre Pio del 12 aprile 1911», in *ivi*, p. 221.

52. «Lettera di padre Benedetto a Padre Pio del 16 marzo 1913, in *ivi*, p. 348. Cfr. anche «Lettera di padre Benedetto a Padre Pio del 4 marzo 1912», in *ivi*, p. 263. Neppure l'intermediazione di padre Agostino da San Marco in Lamis riesce a far cambiare idea a padre Benedetto (cfr. «Lettera di padre Agostino a Padre Pio del 18 gennaio 1912», in *ivi*, p. 254; «Lettera di padre Agostino a Padre Pio del primo febbraio 1912», in *ivi*, p. 257; «Lettera di padre Agostino a Padre Pio del 27 febbraio 1913», in *ivi*, p. 341; «Lettera di padre Agostino a Padre Pio del 15 marzo 1913», in *ivi*, p. 346; «Lettera di padre Agostino a Padre Pio del 9 aprile 1913», in *ivi*, p. 355).

53. Cfr. L. Dimatteo, «Padre Pio e la facoltà di confessare», in *Studi su Padre Pio*, anno II, n. 2, maggio-agosto 2001, pp. 163-164.

54. «Lettera di padre Benedetto a Padre Pio del 4 ottobre 1911» in *Epistolario*, cit., vol. I, p. 239.

55. «Lettera di padre Benedetto al Ministro Generale dei Frati Minori Cappuccini del 4 dicembre 1911», in G. Saldutto, «Un giovane sacerdote di angelici costumi», in *Voce di Padre Pio*, anno V, n. 3, marzo 1974, p. 4.

56. «Lettera di padre Benedetto a Padre Pio del 17 dicembre 1913», in *Epistolario*, cit., vol. I, p. 438.

57. «Lettera di padre Agostino a Padre Pio del 2 novembre 1914», in *ivi*, pp. 499-500.

58. Cfr. «Lettera di padre Agostino a Padre Pio del 4 febbraio 1915», in *ivi*, p. 528.

59. Cfr. «Lettera di padre Benedetto a Padre Pio del 24 dicembre 1915», in *ivi*, p. 709.

60. Cfr. «Lettera di padre Agostino a Padre Pio del 29 gennaio 1916», in *ivi*, pp. 727-728. Padre Pio seppe già qualche giorno prima del suo ingresso in convento che il suo ministero sarebbe stato una lotta contro il maligno. Francesco Forgione, che all'epoca aveva 15 anni, sperimentò una lotta interiore tra la forte «vocazione allo stato religioso» e «la vanità di questo mondo». In quella circostanza il Signore gli fece capire con chiarezza la sua volontà attraverso una visione percepita «con l'occhio dell'intelligenza». Il ragazzo si ritrovò, di colpo, accanto a «un uomo maestoso di rara bellezza, splendente come il sole. Questi il prese per mano» e disse: «vieni con me, perché ti conviene combattere da valoroso guerriero. Il condusse in una spaziosissima campagna. Quivi vi erano una gran moltitudine di uomini; questi erano divisi in due gruppi. Da una parte vide uomini di volto bellissimi e ricoperti di vesti bianche, candide come le nevi; da un'altra parte, che era il secondo gruppo, vide uomini di orrido aspetto e vestiti di abiti neri a guisa di ombre scure». Mentre Francesco osservava «questi due gruppi di uomini, ecco all'improvviso avanzò in mezzo di quello spazio, che divideva i due gruppi, un uomo di smisurata altezza da toccare con la fronte le nuvole» col volto orrendo, simile a «quello di un etiope». Quando «quello

strano personaggio» gli giunse dinanzi, l'uomo che lo teneva per mano disse al giovinetto: «Con quell'individuo» devi batterti! A quelle parole il ragazzo «impallidì». Stava per svenire per il terrore se la sua guida non lo avesse sostenuto per un braccio. Trovò solo il coraggio per chiedere al maestoso accompagnatore di essere risparmiato dal «furore di quello sì strano personaggio» che gli sembrava «sì forte da non bastare per atterrarlo tutti gli uomini uniti insieme». Ma la risposta fu più perentoria dei primi due inviti: «Vana è ogni tua resistenza, con questi conviene azzuffarti. Fatti animo: entra fiducioso nella lotta, avanza coraggiosamente che io ti starò d'appresso; io ti aiuterò e non permetterò che egli ti abbatta; in premio della vittoria che riporterai ti regalerò una splendida corona che ti fregerà la fronte». Non gli restò altra scelta. Francesco entrò «in combattimento con quel formidabile e misterioso personaggio» e, grazie all'aiuto dello splendente accompagnatore, che non lo lasciava solo neppure per un istante, alla fine lo sconfisse e lo costrinse alla fuga. La guida allora, fedele alla promessa, estrasse «da sotto le sue vesti una corona di rarissima bellezza, che vano sarebbe di poterla descrivere», e gliela pose in testa, ma subito se la riprese dicendogli: «Un'altra più bella ne tengo per te riserbata se tu saprai bene lottare con quel personaggio col quale or ora hai combattuto». A questa, però, l'uomo bello e maestoso aggiunse un'altra promessa: «Io ti starò sempre d'appresso; io ti aiuterò sempre, affinché tu riesca sempre a prostrarlo». La visione terminò con la «fuga fra urli, imprecazioni e grida da stordire» degli uomini di orrido aspetto dietro il gigante dal volto scuro e con le lodi degli uomini avvolti in candide vesti «verso quell'uomo splendido e luminoso più del sole» (cfr. P. da Pietrelcina, «Cenni autobiografici», in *Epistolario*, cit., vol. I, pp. 1280 e ss.).

61. Cfr. L. Dimatteo, «Padre Pio e la facoltà di confessare», in *Studi su Padre Pio*, maggio-agosto 2001, pp. 170 e ss.

62. Giovanni Paolo II, Omelia della Messa di beatificazione di Padre Pio da Pietrelcina, 2 maggio 1999, 3.

63. Benedetto XVI, Discorso pronunciato nell'incontro con i sacerdoti, i religiosi, le religiose e i giovani durante la visita pastorale a San Giovanni Rotondo, 21 giugno 2009.

64. «Lettera del card. Donato Sbarretti, segretario del Sant'Uffizio, al Ministro Generale dei Frati Minori Cappuccini del 23 maggio 1931», in *Positio super virtutibus*, cit., vol. III/1, p. 428. Il testo originale, in latino, è il seguente: «*Patri Pio a Pietrelcina omnes auferantur facultates ministeriales, excepta tantum facultate s. Missam celebrandi, sed intra dumtaxat septa monasterii, in sacello interiori, privatim, non in ecclesia publica*».

65. «Lettera del procuratore generale dell'Ordine dei Frati Minori Cappuccini, fr. Lazzaro da Arbonne, al ministro provinciale dei Minori Cappuccini di Foggia, padre Bernardo d'Alpicella del 14 luglio 1933», in *ivi*, p. 439.

66. Cfr. «Disposizioni emanate dal ministro provinciale dei Frati Minori Cappuccini della Provincia religiosa di Foggia, padre Bernardo d'Alpicella, del 25 marzo 1934», in *ivi*, p. 448.

67. Cfr. «Lettera del ministro provinciale, padre Bernardo d'Alpicella, al

Guardiano del Convento di San Giovanni Rotondo del 12 maggio 1934», in *ivi*, p. 453. In realtà il Ministro Generale dell'Ordine ha ottenuto già a marzo dal Sant'Uffizio una «benigna disposizione» per permettere «al P. Pio di ascoltare le sacramentali confessioni "*utriusque sexus*"», cioè di entrambi i sessi (cfr. «Lettera del ministro generale dell'Ordine dei Frati Minori Cappuccini, fr. Vigilio da Valstagna, al ministro provinciale di Foggia, padre Bernardo d'Alpicella del 19 marzo 1934», in *ivi*, p. 447), ma il Ministro Provinciale ha voluto concedere subito al Confratello stigmatizzato la facoltà di confessare gli uomini (cfr. «Disposizioni emanate dal ministro provinciale dei Frati Minori Cappuccini della Provincia religiosa di Foggia, padre Bernardo d'Alpicella del 25 marzo 1934», in *ivi*, p. 448) e solo a maggio quella per assolvere anche le donne.

68. G. Festa, *Misteri di scienza e luci di fede. Le stigmate del Padre Pio da Pietrelcina*, Stabilimento Tipo-Litografico Vittorio Ferri, Roma 1938^2, pp. 195 e ss.

69. Cfr. F. Guarino, «Alberto Del Fante, figlio spirituale e scrittore di Padre Pio», in *Studi su Padre Pio*, anno X, n. 1, gennaio-aprile 2009, p. 110.

70. A. Del Fante, *Dal dubbio alla fede*, Costantino Galleri, Bologna 1931, pp. 7 e ss.

71. A. Del Fante, *Per la Storia. Padre Pio da Pietrelcina il primo sacerdote stigmatizzato*, Galleri Editore, Bologna 1932, pp. 149 e ss.

72. G. Caradonna, «La testimonianza di un onorevole», ds, in *Archivio Padre Pio*, fg. 1.

73. Cfr. P. Bruni, *Giuseppe Caradonna e la Destra Nazionale*, Serarcangeli, Roma 1996, pp. 109 e ss.

74. Cfr. G. Caradonna, «La testimonianza di un onorevole», cit., fg. 2.

75. Anonimo, «Una nota comunista bolognese si converte davanti a Padre Pio», in *Giornale dell'Emilia*, 24 maggio 1950. Cfr. anche Anonimo, «Una segretaria dell'U.D.I. abiura il passato comunista», in *Il giornale d'Italia*, 24 maggio 1950; Anonimo, «La segretaria dell'UDI di Bologna convertita da Padre Pio da Pietrelcina», in *Pomeriggio*, 23 maggio 1950, ultima edizione; C. Trabucco, «Nell'alone di Padre Pio l'agitprop ritrova la luce», in *L'Avvenire d'Italia*, 8 giugno 1950; Anonimo, «La segretaria dell'UDI di Bologna convertita alla fede da Padre Pio», in *Gazzetta Sera*, 23-24 maggio, ultima edizione; Anonimo, «Insegnante comunista convertita da Padre Pio», in *L'Avvenire d'Italia*, 24 maggio 1950; M. Drusiani, «La compagna professoressa ha deviato da Marx verso Cristo», in *Oggi*, anno VI, n. 23, 8 giugno 1950; M. Ciampi, «Una gerarca comunista si converte alla presenza di Padre Pio da Piretralcina [*sic*]», in *La voce del parroco*, anno XXII. n. 6, giugno 1950, p. 3.

76. Cfr. G. Bardazzi, *Un discepolo di Padre Pio*, stampato in proprio, Scandicci (FI) 2007, pp. 18-19.

77. *Ivi*, p. 37.

78. *Ivi*, p. 20.

79. *Ivi*, p. 24.

80. Cfr. *ivi*, pp. 30 e ss.

81. Cfr. *ivi*, pp. 37 e ss.

82. E. Notte, *Padre Pio e padre Eusebio. Briciole di storia*, Grafiche Grilli, Foggia 2007, pp. 155 e ss.

83. «Lettera di Padre Pio a padre Benedetto del 20 novembre 1921, in *Epistolario*, cit., vol. I, p. 1247.

84. C. da Sessano, *Testimonianza su Padre Pio*, Edizioni Padre Pio da Pietrelcina, San Giovanni Rotondo (FG) 2000, p. 10.

85. *Ibidem*.

86. A. da Ripabottoni, *Padre Pio racconta e dice*, Edizioni Padre Pio da Pietrelcina, San Giovanni Rotondo (FG) 2005, p. 446.

87. C. Capobianco, *Detti e aneddoti di Padre Pio*, Edizioni Padre Pio da Pietrelcina, San Giovanni Rotondo (FG) 1996, p. 54.

88. L. Lotti, «Padre Pio da Pietrelcina: la dimensione pedagogica della riconciliazione», in *Studi su Padre Pio*, anno VII, n. 1 gennaio-aprile 2006, p. 135.

89. P. Funicelli, *Padre Pio tra sandali e cappuccio*, Angelo Maria Mischitelli (Ed.), Leone Editrice, Foggia 2006, pp. 302-303.

90. Cfr. P. Funicelli, «Arciconfraternita della buona morte», in *Voce di Padre Pio*, anno XII, n. 12, dicembre 1981, pp. 12 e ss.

91. «Testimonianza di padre Carmelo Durante da Sessano del Molise», in *Canonizationis Servi Dei Pii a Pietrelcina. Positio super virtutibus*, vol. II, Bollate (MI), Tipolitografia Signum, 1994, p. 785.

92. M. Castoro, Omelia per la festa di san Pio da Pietrelcina, 23 settembre 2011, 2.

93. A. da Ripabottoni, *Padre Pio racconta e dice*, cit., p. 445.

94. *Ibidem*.

95. Cfr. L. Lotti, «Padre Pio da Pietrelcina: la dimensione pedagogica della riconciliazione», in *Studi su Padre Pio*, gennaio-aprile 2006, p. 142.

96. M. Castoro, Omelia per la festa di san Pio da Pietrelcina, cit.

97. L. Lotti, «Padre Pio da Pietrelcina: la dimensione pedagogica della riconciliazione», in *Studi su Padre Pio*, gennaio-aprile 2006, p. 134.

98. «Testimonianza di suor Maria Francesca Consolata», in *Positio super virtutibus*, cit., vol. II, p. 1191.

99. Di San Giovanni Rotondo (*n.d.a.*).

100. Intervista rilasciata dal professor Francesco Lotti all'autore il 29 aprile 2006.

101. «Testimonianza del dott. Giuseppe Sala», in *Positio super virtutibus*, cit., vol. II, p. 740.

102. «Testimonianza di Emma Dell'Orto», in V. da Casacalenda (Ed.), *Padre Pio da Pietrelcina. Testimonianze*, Edizioni Padre Pio da Pietrelcina, San Giovanni Rotondo (FG) 1970, p. 90.

103. S. Campanella, *Il Papa e il Frate*, Edizioni Padre Pio da Pietrelcina, San Giovanni Rotondo (FG) 2007, p. 34.

104. «Lettera di Padre Pio a padre Agostino dell'8 maggio 1919», in *Epistolario*, cit., vol. I, p. 1277.

105. L. Lotti, «Padre Pio da Pietrelcina: la dimensione pedagogica della riconciliazione», in *Studi su Padre Pio*, gennaio-aprile 2006, p. 133.

106. *Ibidem*.

107. «Lettera di Padre Pio a padre Benedetto del 20 novembre 1921», in *Epistolario*, cit., vol. I, p. 1247.

108. «Lettera di Fra' Pio a padre Benedetto del 6 luglio 1919», in *Epistolario*, cit., vol. I, p. 187.

109. L. Lotti, «Padre Pio da Pietrelcina: la dimensione pedagogica della riconciliazione», cit., p. 137.

110. «Testimonianza di Giovanna Rizzani», in *Positio super virtutibus*, cit., vol. II, p. 100.

111. Cfr. A. da Ripabottoni, *Padre Pio racconta e dice*, cit., p. 380.

112. *Ivi*, p. 377.

113. L. Lotti, «Padre Pio da Pietrelcina: la dimensione pedagogica della riconciliazione, cit., p. 136.

114. «Lettera di Padre Pio a Antonietta Vona del 15 novembre 1917», in P. da Pietrelcina, *Epistolario*, cit., vol. III, pp. 823-824.

115. Cfr. *Mt* 25,41-46.

116. Cfr. *2Cor* 12,7.

117. A. da Ripabottoni, *Pare Pio racconta e dice*, cit., p. 374.

118. L. Lotti, «Padre Pio da Pietrelcina: la dimensione pedagogica della riconciliazione», cit., p. 133.

119. Giovanni Paolo II, Omelia della Messa di canonizzazione di Padre Pio da Pietrelcina, 16 giugno 2002, 3.

120. *Ibidem*.

121. C. Vicedomini, «Frati da tutto il mondo», in *Voce di Padre Pio*, anno XXXIV, n. 10, ottobre 2003, p. 52.

II

I CARISMI DI PADRE PIO, UN DONO DELLA MISERICORDIA DI DIO

Raramente, nella storia della Chiesa, le biografie dei santi sono caratterizzate da una moltitudine di carismi, con ampio riscontro attraverso molteplici testimonianze convergenti, com'è accaduto per san Pio da Pietrelcina.

Senza enfatizzare gli eventi soprannaturali che, talvolta, possono condurre a forme di espressione della fede che rischiano di essere contaminate da elementi di superstizione o di fanatismo, ma senza neppure un atteggiamento di pregiudiziale ostracismo nei confronti delle genuine forme di religiosità popolare, è opportuna una seria riflessione su ciò che il Signore ha liberamente operato nella vita di Padre Pio attraverso una sintetica esposizione dei fenomeni e, soprattutto, tentando di ipotizzarne la funzione nell'ambito della missione di dispensare la misericordia divina nella nostra epoca, affidata a questo santo Cappuccino.

1. I miracoli

Nell'immaginario collettivo, anche dei cattolici, il termine "santo" richiama subito il concetto di miracoli. E di miracoli, all'intercessione di Padre Pio, se ne attribuiscono molti. Basti pensare che, da oltre 45 anni, la rivista *Voce di Padre Pio* pubblica alcune tra le tante attestazioni di gratitudine per guarigioni ricevute che giungono ai frati Cappuccini. E tanti altri ne saranno segnalati in futuro, visto che un sondaggio ormai famoso di *Famiglia Cristiana* colloca il Cappuccino stigmatizzato al primo posto tra i santi più invocati dagli italiani[1].

Furono proprio i miracoli ad attirare su Padre Pio l'attenzione dei giornali e a incoraggiare il fenomeno dei pellegrinaggi a San Giovanni Rotondo, appena si sparse la voce che lì viveva un frate con le stimmate. Non a caso, scorrendo i primi 20 titoli dedicati a Padre Pio a partire da quel lontano 9 maggio 1919, quando comparve la prima notizia su *Il Giornale d'Italia*, nella maggior parte dei casi i protagonisti sono proprio i miracoli. «Molti e vari», ha scritto l'ignoto estensore del primo testo su Padre Pio pubblicato su un quotidiano, «sono i fatti miracolosi attribuiti al "Santo"». Alcune settimane dopo, nell'edizione del 20 e 21 giugno, *Il Mattino* fece lo scoop: una guarigione prodigiosa che accadde dinanzi agli occhi del cronista, Renato Trevisani. Il fatto eccezionale indusse il quotidiano di Napoli a dedicare un'intera pagina a colui che, nel titolo, veniva chiamato «l'uomo che fa i miracoli». E nel sommario annunciava: «Padre Pio, il "Santo" di San Giovanni Rotondo compie un prodigio in presenza del nostro inviato speciale».

Così, già nel 1923, il quotidiano britannico *The Observer* ha attestato che «San Giovanni Rotondo è diventata un luogo di pellegrinaggio, dove le persone si riversano da ogni parte del mondo e più di una testa coronata si è recata in quella cittadina pugliese per cercare aiuto e conforto dal "Santo"». Ma poi aggiungeva, quasi in risposta alle illazioni che circolavano sul conto del Cappuccino di Pietrelcina: «Padre Pio non dichiara di avere poteri miracolosi; è il più modesto e semplice degli uomini. Lui ha un atteggiamento mite e ascetico».

Tanti sono stati, dunque, i miracoli attribuiti a questo zelante religioso, in vita e dopo la morte. Al momento, comunque, nella prospettiva che possa concretizzarsi il progetto di fr. Gerardo Di Flumeri, che è stato il vice postulatore della causa di beatificazione e canonizzazione di Padre Pio, di istituire anche a San Giovanni Rotondo un *bureau medical* sul modello di quello di Lourdes, gli unici miracoli che possiamo certamente ritenere tali e che possiamo considerare ottenuti grazie alla mediazione del frate di Pietrelcina sono due: quello che gli ha consentito di ottenere il titolo di beato e quello con cui il Signore gli ha dato la possibilità di essere proclamato santo.

Il primo è avvenuto nei primi giorni di novembre del 1995 presso gli Ospedali Riuniti di Salerno "San Giovanni di Dio e Ruggi d'Aragona". La sera del 31 ottobre Consiglia De Martino, che all'epoca aveva 47 anni, avvertì «una fitta dolorosa in regione retrosternale e sottoclaveare sinistra con malessere generale, brividi, dolori diffusi in tutto il corpo e senso di soffocamento»[2]. La mattina dopo, notando «un gonfiore sul collo», si fece accompagnare al pronto soccorso dove fu disposto il ricovero. Dopo due TAC, le fu fatta la diagnosi di «rottura o lacerazione del dotto toracico conseguente a trauma con imponente versamento di liquido linfatico, stimato in circa due litri» e le fu prospettato, come unico rimedio possibile, l'intervento chirurgico[3]. Il suo primo pensiero fu di telefonare a San Giovanni Rotondo, per chiedere a fr. Modestino Fucci di pregare Padre Pio per la sua salute. La De Martino, infatti, era da diversi anni devota del frate stigmatizzato. Anche il marito della donna confidò nell'intercessione del venerato Cappuccino, mentre la figlia e successivamente anche il figlio raggiunsero telefonicamente fr. Modestino per rafforzare la richiesta della madre. Allarmato dal tono di voce dei ragazzi, il frate laico comprese che la situazione era grave. Lasciò ogni impegno e si recò in cripta a pregare[4].

Già dopo la seconda TAC, mentre veniva riaccompagnata in camera, la paziente avvertì nell'ascensore «un intenso profumo di fiori». Ma l'evento più significativo avvenne «nel pomeriggio del 3 novembre», quando la donna avvertì la sensazione che qualcuno la «stesse cucendo all'altezza della clavicola sinistra». La mattina del 4 novembre percepì «nuovamente il profumo»[5]. Gli esami successivi evidenziarono la completa e istantanea guarigione e l'inutilità di eseguire il già programmato intervento chirurgico.

Il 12 novembre 1997 fr. Gerardo Di Flumeri affidò l'intero dossier al postulatore generale dei Cappuccini, fr. Paolino Rossi, per farlo consegnare alla Congregazione delle Cause dei Santi.

L'esame della documentazione cominciò a gennaio del nuovo anno. Il 30 aprile, all'unanimità, la consulta medica del dicastero vaticano giudicò «scientificamente inspiegabile»[6] la guarigione della signora Consiglia De Martino. Il 22 giugno, col parere unanime e favorevole dei sei consultori teologi, il prodigio viene qualificato «miracolo». Giudizio poi confermato, il 20 ottobre, dai cardinali, dagli arcivescovi e dai vescovi della medesima Congregazione. Questi tre pareri consentirono al Santo Padre di approvare, il 21 dicembre 1998, il decreto sul miracolo, attribuito all'intercessione di Padre Pio[7].

Il secondo miracolo è avvenuto, pochi mesi dopo la beatificazione, nel reparto di Rianimazione di "Casa Sollievo della Sofferenza". La mattina del 20 gennaio 2000, Matteo Pio Colella, un bambino di sette anni, si trovava nell'aula della sua scuola, a San Giovanni Rotondo, quando fu improvvisamente colto da brividi, febbre elevata, sonnolenza e torpore. La maestra, Concetta Centra, chiamò subito sul cellulare la madre, Sanità Maria Lucia Ippolito, che a sua volta telefonò al marito, Antonio, medico urologo in servizio presso l'ospedale fondato da Padre Pio, il quale portò il figlio a casa e si prese personalmente cura di lui. Qui il quadro clinico si aggravò con cefalea, vomito, una riduzione dello stato di vigilanza e la comparsa di petecchie, mentre neppure l'antipiretico riusciva a far abbassare la febbre che, anzi, aumentò fino ai 40,2°C. Per questo, in serata, d'intesa con un pediatra amico di famiglia, Matteo Pio fu trasportato al pronto soccorso dell'ospedale e sottoposto a tutti gli esami clinici[8]. Quando arrivò il referto, i medici emisero una diagnosi che sembrava una condanna: «Sepsi meningococcica iperacuta con shock settico, gravissima ipotensione arteriosa, arresto cardiaco, ipossiemia protratta, distress respiratorio, coagulazione intravascolare disseminata, insufficienza multiorgano»[9].

Il piccolo paziente fu immediatamente ricoverato in Rianimazione II dove, nella notte, peggiorò ulteriormente, con «un progressivo deterioramento delle funzioni vitali, sino al coinvolgimento di nove organi divenuti contemporaneamente insufficienti[10] e, poi, al mattino, al momento drammatico dell'arresto cardiaco, nonostante la terapia intrapresa sin dalle 02.00 con dopamina e noradrenalina. Alle 9,30 fu necessario intubarlo[11].

«Le condizioni cliniche erano disperate», ha dichiarato il dott. Pietro Gerardo Violi, «che seguì personalmente il caso», spiegando:

> «Il bambino presentava cianosi generalizzata e, nonostante la ventilazione meccanica assistita, desautorava sino a raggiungere livelli inferiori al 30% per un periodo di tempo prolungato... Il bambino presentava una gravissima insufficienza cardiaca con bradicardia estrema ed edema polmonare acuto, e che lo stato di shock aggravava la perfusione anche degli organi periferici, era del tutto naturale ipotizzare che queste condizioni avrebbero determinato o il decesso o, nella migliore delle ipotesi, dei danni irreparabili agli organi nobili»[12].

Neanche il primario del reparto, il dott. Paolo De Vivo, era più ottimista, come ha dichiarato nella sua deposizione:

> «Già in quei momenti ero convinto della impossibilità di un successo o quanto meno ero convinto che [...] sarebbero

reliquati danni cerebrali e renali [...]. Le dimensioni cardiache così come desunte dai radiogrammi, la necessità di supporto circolatorio con dosi molto alte di adrenalina e noradrenalina (dosi che definirei molto alte anche per un adulto) mi facevano convinto di una possibile morte cardiaca improvvisa o comunque di una cardiopatia se il bambino fosse sopravvissuto. Personalmente molte volte ho pensato che il decesso si poteva realizzare di lì a qualche momento. Ho ammesso a me stesso e ho manifestato ad alta voce con i miei collaboratori in più di un'occasione che non ritenevo possibile una risoluzione positiva»[13].

Intanto la madre si affidò a Padre Pio e mise in piedi una vera e propria rete di preghiera, chiedendo a tutti coloro che conosceva di ricorrere all'intercessione del beato e di estendere a catena l'invito a fare altrettanto. Lei stessa, col permesso dei frati, aveva trascorso tutta la notte e le prime ore del mattino, tra la tomba del futuro santo e la sua cella[14].

Ma, verso le undici, «improvvisamente», accadde «qualcosa di straordinario e con l'incredulità di tutti. Quel centro del respiro, probabilmente leso dalla meningococcemia, quel quadro toracico che è di edema polmonare acuto, riprendono a ossigenare il sangue; il cuore riprende la sua corsa, la pressione arteriosa è rilevabile, adeguata a perfondere gli organi. Le complicanze hanno un andamento di veloce risoluzione»[15]. La ripresa divenne rapida e, il 6 febbraio, il piccolo paziente era già completamente sveglio e collaborante: chiese la PlayStation e sorprese tutti i medici che lo videro giocare con disinvoltura, dissipando la loro paura «di trovarsi di fronte a un bambino con dei deficit mentali e nervosi; [...] una paura poggiata su dei fondamenti scientifici». Fu dimesso, completamente guarito, il 26 febbraio. Il primo aprile tornò «a scuola, mostrandosi più esuberante del solito e di una capacità intellettiva sorprendente»[16].

Nel corso del processo canonico, celebrato presso il Tribunale ecclesiastico dell'Arcidiocesi di Manfredonia-Vieste dall'11 giugno al 17 ottobre del 2000, Matteo Pio ha raccontato:

> «Ho sentito parlare di Padre Pio fin da piccolo; ogni domenica i miei genitori mi portano a visitare la tomba di Padre Pio.
>
> Non potevo pregare Padre Pio durante il periodo del sonno, ma appena svegliato ho cominciato a pregare e a invocare Padre Pio.
>
> Appena sveglio, io stringevo la mano, cercando un'altra mano e dicevo: "voglio Padre Pio". La mia mamma non mi capiva.
>
> Durante il sonno io non ero solo, ho visto un vecchio.
>
> Mi sono visto da lontano, in questo letto, attraverso un buco tondo. Ero vicino ai macchinari e un vecchio con la barba bianca e un vestito lungo e marrone, mi ha dato la mano destra e mi ha detto: "Matteo, non ti preoccupare, tu presto guarirai" e mi sorrideva»[17].

Il 23 ottobre successivo la documentazione su questa guarigione fu consegnata alla Congregazione delle Cause dei Santi. Il 22 novembre 2001 ha superato l'esame della consulta medica con l'unanime giudizio di «scientificamente inspiegabile»[18], l'11 dicembre quello dei consultori teologi e, il 18 dello stesso mese, ha ottenuto il parere positivo dalla sessione ordinaria dei cardinali, degli arcivescovi e dei vescovi del Dicastero.

Sulla base di questi pareri, papa Giovanni Paolo II, il 20 dicembre 2001, ha promulgato il decreto per dichiarare che «consta del miracolo operato da Dio per intercessione del beato Pio da Pietrelcina (al secolo: Francesco Forgione), sacerdote professo dell'Ordine dei Frati Minori Cappuccini, cioè della celere, perfetta e duratura guarigione del bambino Matteo Pio Colella da "sepsi meningococcica iperacuta con shock settico, gravissima ipotensione arteriosa, arresto cardiaco, ipossiemia protratta, distress respiratorio, coagulazione intravasale disseminata, insufficienza multiorgano"»[19].

Ma quello di ottenere miracoli dalla misericordia del Signore, come accennato nella premessa del presente capitolo, è stato solo uno dei tanti doni straordinari concessi a Padre Pio.

2. Le stimmate

È noto alla maggior parte dei devoti di Padre Pio ciò che si verificò nel coro della chiesa antica del convento di San Giovanni Rotondo la mattina del 20 settembre 1918. Anche perché è stato dettagliatamente narrato in una lettera, scritta "a memoria fresca", appena un mese dopo l'evento.

Ecco la parte centrale del racconto:

«Era la mattina del 20 dello scorso mese in coro, dopo la celebrazione della santa messa, allorché venni sorpreso dal riposo, simile ad un dolce sonno. Tutti i sensi interni ed esterni, non che le stesse facoltà dell'anima si trovavano in una quiete indescrivibile. In tutto questo vi fu un totale silenzio intorno a me e dentro di me; vi subentrò subito una gran pace ed abbandono alla completa privazione del tutto e una posa nella stessa rovina. Tutto questo avvenne in un baleno.

E mentre tutto questo si andava operando, mi vidi dinanzi un misterioso personaggio, simile a quello visto la sera del 5 agosto, che differenziava in questo solamente che aveva le mani ed i piedi ed il costato che grondava sangue.

La sua vista mi atterrisce; ciò che sentivo in quell'istante in me non saprei dirvelo. Mi sentivo morire e sarei morto se il Signore non fosse intervenuto a sostenere il cuore, il quale me lo sentivo sbalzare nel petto.

La vista del personaggio si ritira ed io mi avvidi che mani, piedi e costato erano traforati e grondavano sangue»[20].

Solo a quasi tre anni di distanza, rispondendo alle domande che gli venivano poste dal suo primo Visitatore Apostolico, monsignor Carlo Raffaello Rossi, il frate rivelò un dettaglio importante dell'esperienza vissuta il 20 settembre 1918: quell'uomo misterioso pronunciò una frase. Poche parole, ma dalle quali si evince con chiarezza la sua identità e si comprende il significato di ciò che stava per accadere: «Ti associo alla mia passione»[21].

In realtà anche di questa stimmatizzazione[22] – infatti non è stata né la prima, né l'unica – avremmo saputo ben poco, se le mani piagate di Padre Pio non fossero state notate da una sua figlia spirituale: Nina Campanile[23]. Ecco la sua testimonianza:

«Nel consegnare l'offerta per la Messa vidi: sul dorso della mano destra del Padre, nel centro, una stimmata. A me parve come una scottatura. Compresi subito, ma feci finta di non comprendere, ed esclamai: "Oh, Padre! Vi siete scottata la mano!". Egli allibì e si nascose le mani dietro la schiena. Continuammo a parlare di altre cose; verso il tramonto uscimmo dalla sagrestia. Mi unii ad una mia cugina, Nunziatina Campanile, il Padre ci accompagnò fino alla Cappellina di San Francesco, che allora era sita a metà strada dell'Albergo di Villa Pia... Nel congedarci, cercai di baciargli la mano proprio sulla stimmata, ma il Padre addolorato esclamò:

"Se sapessi che umiliazione mi dai!"; ma io pronta risposi:

"Padre, per Natale, in virtù di queste stimmate, il Signore ci concederà molte grazie!".

"Fino a Natale staranno qui?".

"Pregherò tanto il Signore, che farà scomparire ogni cosa!", aggiunse il Padre, e s'avviò verso il convento.

Appena giunta a casa comunicai a mia madre... che il Padre aveva avuto le stimmate come san Francesco, la stessa notizia detti a mia sorella Lucietta. In breve la notizia delle stimmate si diffuse nel paese»[24].

Invano, quindi, Padre Pio cercava «di nascondere i segni della passione colle maniche dell'abito e prendendo fra le dita i lembi di uno scialle»[25]. La voce, ormai, almeno a San Giovanni Rotondo, si era sparsa.

Fu la stessa Nina Campanile a informare dell'accaduto il superiore del convento, padre Paolino da Casacalenda, che non si era accorto di nulla. «Padre Paolino», gli disse sorridendo e piena di intima soddisfazione, «sa che Padre Pio ha ricevuto le stimmate?». Il frate guardiano si mise «a ridere forte», perché non credeva «in modo assoluto che ciò fosse avvenuto». Pensò tra sé: «È mai possibile che Padre Pio aveva ricevuto le stimmate e io che stavo sempre con lui non mi ero accorto». «Non c'è bisogno di ridere», ella aggiunse, «perché quello che io dico è realtà. Lei stesso può domandare al padre oppure trovare il mezzo per conoscere la verità».

La mattina dopo padre Paolino andò a trovare il confratello nella sua cella ed entrò «senza bussare». Padre Pio era «seduto a tavolino che scriveva», ma «si alzò subito... e rimase così, levato, con le stimmate coperte». Il guardiano lo invitò a sedersi e aggiunse: «Seguita, ti prego, anche a scrivere, perché questa mattina non ho nulla da dirti. Sono entrato solo per salutarti e fermarmi qualche minuto con te prima di cominciare le lezioni». Padre Pio obbedì e padre Paolino poté «vedere prima la piaga nel dorso e nella palma della mano destra, poi quella nel dorso della sinistra». Non quella «nella palma della sinistra perché la teneva poggiata sul tavolo per mantenere il foglio di carta fermo». Fu sufficiente.

Il giorno stesso il superiore locale scrisse «una lettera al M. R. P. Benedetto... a San Marco La Catola, informandolo di quello che era accaduto e invitandolo a recarsi al più presto a San Giovanni Rotondo non solo per rendersi conto personalmente del fatto, ma anche per concertare con lui una linea di condotta [...]. Padre Benedetto non venne [...]. Scrisse una lettera in cui pareva di non dare tanta importanza a quello che era avvenuto; solo raccomandava di mantenere sopra di esso il più grande silenzio»[26].

Per quasi un mese Padre Pio non scrisse nulla a padre Benedetto che, oltre ad essere il suo superiore maggiore, in quanto ministro provinciale, era anche il suo direttore spirituale. Solo il 17 ottobre trovò la forza di prendere la penna in mano per accennare all'accaduto, ma con una narrazione approssimativa e confusa:

> «Sarà necessario che io pronunzi il mio *fiat* nel mirare quel misterioso personaggio che mi impiagò tutto e non desiste dalla dura, aspra, acuta e penetrante operazione, e non dà tempo al tempo che venga a rimarginare le piaghe antiche, che già su di queste ne viene ad aprire delle nuove con infinito strazio della povera vittima?
>
> Deh, padre mio, venite in mio aiuto, per carità! Tutto il mio interno piove sangue e più volte l'occhio è costretto a rassegnarsi a vederlo scorrere anche al di fuori. Deh! Cessi da me questo strazio, questa condanna, questa umiliazione, questa confusione!»[27].

A questo punto il Ministro Provinciale si allarmò e gli ordinò:

> «Figliuol mio, dimmi tutto e chiaramente, e non per accenni. Qual è l'operazione del personaggio? Di dove scorre il sangue e quante volte al giorno o alla settimana? Che è avvenuto alle mani e ai piedi, e come? Voglio sapere per filo e per segno tutto e per santa ubbidienza»[28].

Dunque solo dietro imposizione «per santa ubbidienza», il frate stigmatizzato, il 22 ottobre 1918, raccontò dettagliatamente ciò che gli era accaduto il 20 settembre precedente[29]. Ma lo fece con grande difficoltà e senza nascondere il suo disagio. «Mio Dio», si legge ancora in quella lettera di risposta a padre Benedetto, «che confusione e che umiliazione io provo nel dover manifestare ciò che tu hai operato in questa tua meschina creatura!»[30].

Questa, però, è stata la seconda stigmatizzazione, durata fino a poco prima dalla morte.

In realtà sul corpo di Padre Pio le stimmate furono impresse per la prima volta pochi giorni o poche settimane dopo l'ordinazione sacerdotale, avvenuta il 10 agosto 1910. Di questo episodio non abbiamo data certa. In quel periodo il frate si trovava nella sua Pietrelcina, per la precisione sotto l'olmo di Piana Romana, la frazione del paese dove i suoi genitori avevano un podere per la semina e per il pascolo. Queste prime stimmate «furono visibili», ma poiché l'anima del giovane Cappuccino «a tal fenomeno rimase assai esterrefatta, pregò il Signore che avesse ritirato un tal fenomeno visibile. Da allora non apparsero più; però, scomparse le trafitture, non per questo scomparve il dolore acutissimo»[31].

Anche in questo caso Padre Pio non aveva avuto il coraggio di parlare apertamente e subito con padre Benedetto. Lo fece in una lettera dell'8 settembre 1911, nella quale raccontava:

> «Ieri sera poi mi è successo una cosa che io non so né spiegare e né comprendere. In mezzo alla palma delle mani è apparso un po' di rosso quasi quanto la forma di un centesimo, accompagnato anche da un forte ed acuto dolore in mezzo a quel po' di rosso. Questo dolore era più sensibile in mezzo alla mano sinistra, tanto che dura ancora. Anche sotto i piedi avverto un po' di dolore.
>
> Questo fenomeno è quasi da un anno che si va ripetendo, però adesso era da un pezzo che più non si ripeteva. Non s'inquieti però se adesso per la prima volta glielo dico; perché mi sono fatto vincere sempre da quella maledetta vergogna. Anche adesso se sapesse quanta violenza ho dovuto farmi per dirglielo!»[32].

Dunque, complessivamente, il santo Cappuccino ha portato i segni della crocifissione di Cristo sul suo corpo per 58 anni. Prima visibili, poi invisibili, quindi ancora visibili. E, dato ancora più significativo, per tutta la durata del suo ministero sacerdotale.

Finita la missione, anche le stimmate scomparvero. Di queste piaghe, che molti avevano visto e che alcuni avevano visitato, non fu trovata traccia durante l'ispezione sul cadavere eseguita dal prof. Giuseppe Sala subito dopo il decesso. Ci sono foto che documentano che la pelle era tornata perfettamente liscia come se non ci fosse mai stata alcuna ferita. Senza neanche un accenno di cicatrice. Un fenomeno che, clinicamente, può essere definito «una guarigione straordinaria che rappresenta un vero e proprio salto dal corso naturale degli eventi»[33]. Infatti, il dott. Paolo Maria Marianeschi, specialista in chirurgia generale presso la Clinica chirurgica dell'Università di Perugia, durante il primo "Convegno di studio sulle stimmate del Servo di Dio Padre Pio da Pietrelcina"[34], ha affermato che «le lesioni cutanee profonde guariscono sempre con cicatrice [...]. Nell'uomo la cicatrizzazione è un processo obbligatorio e non facoltativo [...]. Esso è necessariamente ed automaticamente innescato nel momento stesso in cui si produce la lesione anatomica dei tessuti». Per cui «la scomparsa delle stimmate di Padre Pio o la loro guarigione acicatrizziale che dir si voglia è un vero e proprio assurdo fisiopatologico»[35].

Questo ultimo fenomeno è molto importante. Ci aiuta non solo a ritenere pregiudiziale e poco scientifica qualunque spiegazione delle stimmate del Cappuccino di Pietrelcina diversa da quella soprannaturale, ma aiuta anche a comprendere meglio il significato di quelle piaghe.

Sul corpo di Padre Pio non sono comparsi solo i segni della crocifissione, ma anche altri segni della passione di Gesù. Rispondendo a una precisa domanda di padre Agostino da San Marco in Lamis, infatti, il frate di Pietrelcina ha ammesso che il Signore gli faceva «provare [...] la sua coronazione di spine e la sua flagellazione», aggiungendo che tali fenomeni avvenivano da «vari anni [...] e quasi una volta per settimana»[36].

Il futuro santo aveva, infine, anche la piaga che Gesù si procurò portando la croce sulla spalla lungo la via del Calvario e ne rivelò l'esistenza ad un solo essere umano: don Karol Wojtyla[37].

3. La transverberazione

Nella lettera in cui Padre Pio ha raccontato il modo in cui avvenne la stimmatizzazione di San Giovanni Rotondo c'è un riferimento «a un misterioso personaggio, simile a quello visto la sera del 5 agosto». Chi era il personaggio che visitò il frate un mese e mezzo prima della permanente impressione delle piaghe di Gesù sul suo corpo? E cosa avvenne «la sera del 5 agosto»?

La sera del 5 agosto 1918, mentre confessava uno dei ragazzi del seminario nella sua cella, la n. 5 del convento, Padre Pio fu terrorizzato dalla «vista di un personaggio celeste» che gli si presentò «dinanzi all'occhio dell'intelligenza. Teneva in mano una specie di arnese, simile a una lunghissima lamina di ferro con una punta bene affilata, e che sembrava da essa punta che uscisse fuoco». Quindi il «personaggio» scagliò «con tutta violenza il suddetto arnese nell'anima». A stento il Cappuccino emise un lamento. Si sentiva morire. Disse al seminarista di ritirarsi perché non aveva «più la forza di continuare. Questo martirio durò, senza interruzione, fino al mattino del giorno sette»[38].

Questo è il fenomeno mistico della transverberazione, che consiste nella «trafittura dell'epidermide e la penetrazione di un oggetto affilato nel cuore, sia esso freccia, dardo, lancia, per opera di Dio stesso o di una creatura celeste di tipo angelico. La transverberazione si chiama "ferita d'amore" quando si manifesta esteriormente. Essa viene inoltre chiamata "assalto del Serafino" perché questo angelo, con il suo intervento, infiamma il cuore di un amore ardente»[39]. Si tratta, infatti, di un'esperienza che gli studiosi definiscono «una eccezionale comunicazione d'amore dovuta direttamente all'iniziativa e all'azione di Dio [...]. La forza e la grande potenza con la quale viene fatta tale comunicazione, e insieme la profondità che essa raggiunge nella persona umana, suscitano nell'anima la sensazione di colpo, di ferita che penetra fino alla radice dell'essere, delle potenze, della coscienza»[40]. E questa percezione «radicale ha lo scopo di preparare e disporre l'uomo a quella così profonda e intima unione con Dio che i mistici chiamano "unione trasformante", dove l'anima diventa per amore e grazia una sola cosa con Dio»[41].

4. Gli altri doni

A questi carismi più importanti, ricevuti da san Pio da Pietrelcina, dobbiamo aggiungerne almeno qualcun altro tra quelli più significativi che hanno caratterizzato la sua missione terrena.

– La xenoglossia, che caratterizza chi «parla o scrive una lingua a lui normalmente ignota»[42].

Tra i vari episodi riportati nei vari libri su Padre Pio, ne ricordiamo due scritti nel *Diario* di padre Agostino da San Marco in Lamis:

«Nel 1940 o 41 venne dal Padre un sacerdote svizzero. Parlò in latino col Padre. Prima di andarsene, licenziandosi col Padre Pio, quel sacerdote raccomandò un'ammalata. Il Padre rispose in tedesco: *Ich werde sie an die göttliche Barmheizieheit empfehlen*: la raccomanderò alla divina Misericordia. Il prete rimase oltremodo meravigliato del fatto e lo raccontò alla persona che l'ospitava. Anche nel 1911 il Padre mi scrisse – in risposta ad una mia – una cartolina in francese corretto, proprio senza errori ortografici»[43].

Padre Pio, però, non conosceva né il tedesco né il francese[44] e neppure il greco[45]. Per questo lo stesso padre Agostino mise alla prova il suo discepolo scrivendogli anche nella lingua di Aristotele. Il risultato fu identico, come ha testimoniato in calce a quella lettera don Salvatore Pannullo:

«Pietrelcina, 25 agosto 1919. Attesto io qui sottoscritto sotto la santità del giuramento, che Padre Pio, dopo ricevuta la presente, me ne spiegò letteralmente il contenuto. Interrogato da me come avesse potuto leggerla e spiegarla, non conoscendo neppure l'alfabeto greco, mi rispose: "Lo sapete! L'angelo custode mi ha spiegato tutto"»[46].

– La scrutazione dei cuori (o discernimento degli spiriti), che consiste nella «conoscenza soprannaturale dei segreti del cuore comunicata da Dio»[47].

In proposito il gesuita padre Vittorio Marcozzi, in uno studio effettuato nell'ambito della causa di beatificazione, ha scritto:

> «P. Pio godeva del dono di conoscere le coscienze in modo certo e infallibile, alle volte per fatti semplici, altre volte per i segreti più intimi. Ne riportiamo alcuni fatti, in cui si rivela che conosce fatti segreti della coscienza [...].
>
> Sa che il P. Agostino dimenticò di fare il "Memento", durante la S. Messa, che gli era stato chiesto da P. Pio, e si è ricordato sulle scale. P. Pio glielo dice. [...] Sa che un penitente non si confessava da 25 anni. Sa che due figliole avevano avuto la proibizione dal papà medico di baciare le mani al P. Pio, perché tisico. Nell'atto di baciargli la mano, P. Pio si sottrae, e dice: "No, fate l'obbedienza di vostro padre". [...] Sa perché il medico Romanelli non ha ottenuto una grazia tanto sperata, e gli dice, alle insistenze del medico, la ragione: una grave mancanza che il medico aveva dimenticata»[48].

Lo stesso padre Agostino ha annotato, sul suo diario, un altro episodio:

«Quando il Padre era malato a Venafro nel novembre 1911 una sera, prima di cena, fui avvisato che il Padre stava male e [...] delirava [...]. Nessuno s'era accorto dei fenomeni preternaturali e soprannaturali, neppur io; credevo stesse male davvero, anzi in pericolo di vita. Corsi nella stanza, dov'erano altri frati e vidi il padre, coricato a letto, con viso agitato che diceva: "Mandate via quel gatto che mi si vuole avventare...". Io non potei resistere a quella scena e me n'andai in coro a pregare per il padre e dolendomi per il timore che morisse. Dopo più di un quarto d'ora ritornai nella stanza e trovai solo il Padre Pio, rasserenato e giulivo. Mi disse appena mi vide: "È andato in coro a pregare e ha fatto bene... pensava pure al mio elogio funebre... C'è tempo, padre Lettore, c'è tempo!"»[49].

Questo carisma ha permesso al Cappuccino stigmatizzato, nello svolgimento del ministero di confessore, di risvegliare tante coscienze intorpidite e di permettere all'azione trasformante della misericordia divina di rinnovare gli stili di vita di numerosi penitenti[50].

– L'irradiazione luminosa, cioè «l'emissione e/o la riflessione di luce da parte del corpo umano»[51].

Molti hanno raccontato di aver visto il volto di Padre Pio sfolgorante o trasfigurato. Anche un medico, il dott. Giorgio Festa, quando il 5 ottobre 1925 operò il Cappuccino stigmatizzato di ernia inguinale, fece esperienza di questo fenomeno. Approfittando di un collasso del paziente, gli visitò "abusivamente" le stimmate. Dai contorni della duplice ferita del torace, «fresca e vermiglia, in forma di croce» (perché si trattava in realtà di due piaghe: quella della transverberazione e la quinta della crocifissione, quella della lancia del centurione), si sprigionavano «brevi, ma evidenti *radiazioni luminose*»[52].

Padre Alberto D'Apolito, oltre ad aver visto «spesso» il volto di Padre Pio «o luminoso o splendente di una bellezza indescrivibile»[53], ha raccolto e trascritto su questo fenomeno alcune testimonianze, tra cui la seguente:

> «Nell'agosto del 1965 accompagnai nella cella di Padre Pio il prof. Guerini Rocco di Roma, innamorato del francescanesimo ed ammiratore di Padre Pio. [...] All'uscita dalla camera, il prof. Guerini mi disse: "Padre Alberto, sono tanto felice. Ho guardato il volto di Padre Pio; mi è sembrato il volto di Gesù. Era luminoso e bellissimo, con due occhi splendenti come stelle. Padre Pio non è un uomo di questo mondo"»[54].

– La bilocazione, cioè la «compresenza di una persona in due luoghi distinti, nel medesimo momento»[55].

A parte i due casi, ormai noti, che riguardano la signora Giovanna Rizzani Boschi[56], o le "visite" alle sorelle Cerase di Foggia[57], si può citare come esempio quello significativo verificatosi con il cardinal József Mindszenty, che «nell'ottobre 1956 fu arrestato e messo in carcere e guardato a vista. Col passare del tempo si faceva vivissimo il desiderio di poter celebrare la santa Messa. Una mattina gli si presenta Padre Pio con tutto l'occorrente. Il cardinale celebra la sua santa Messa e Padre Pio gliela serve: poi parlarono e alla fine Padre Pio scompare con quanto aveva portato»[58]. L'episodio fu confermato, sebbene indirettamente, dal protagonista della bilocazione ad Angelo Battisti, all'epoca amministratore di Casa Sollievo della Sofferenza e contemporaneamente impiegato della Segreteria di Stato della Santa Sede, che ha testimoniato:

> «Un sacerdote venuto da Budapest, incontrandomi, mi confidò riservatamente il fatto, pregandomi se potevo avere una conferma dal Padre. [...] Per due-tre anni mai mi riusciva di arrivare a porre questa domanda. [...] Se non che, una sera del marzo del 1965 (dopo tanti anni!), terminato di riferire al padre le questioni della "Casa", mi alzai per congedarmi da lui.
>
> Il padre, nella sua bontà, invece mi invitò a trattenermi ancora qualche istante. Mi rimisi a sedere e senza che lontanamente pensassi al cardinale Mindszenty, dissi al padre: "Padre, il cardinale Mindszenty ha riconosciuto Padre Pio?".
>
> Mi voleva mangiare, mi trattò da imbecille, da stupido. Però quando gli dissi e spiegai che lui mi leggeva i pensieri, che non era nelle mie intenzioni d'importunarlo su questo argomento, che non era mia curiosità, ma che Dio, per la sua gloria in quel momento me lo metteva sulle labbra, il padre si fece buono e mi rispose: "Che diamine, ci siamo visti e ci siamo parlati, vuoi che non mi abbia riconosciuto?".
>
> Poi si fece mesto e soggiunse: "Il diavolo è brutto, ma lo avevano ridotto più brutto del diavolo" [...]. Il padre concluse: "Ricordati di pregare per questo grande confessore della fede, che ha tanto sofferto per la Chiesa"»[59].

– L'osmogenesi, che «consiste nell'emanazione di un profumo di grande intensità e fragranza dal corpo di una persona»[60].

Quello di Padre Pio è stato percepito da molti, sia quando era in vita, sia dopo la sua morte. «Si presentava con una straordinaria varietà e intensità e con differenti sfumature: odori di serra, di acido fenico, di rose, di gigli, di gelsomini, d'incenso, di finissimo tabacco o di altro»[61]. Lo avvertì «parecchie volte» anche padre Agostino da San Marco in Lamis, che aveva le papille olfattive atrofizzate[62].

Il profumo emanava anzitutto dal sangue del Cappuccino stigmatizzato, come ha potuto accertare un medico, il dott. Giorgio Festa, che ha attestato:

> «Il sangue, che a stille sgorga dalle ferite che il Padre Pio presenta sulla sua persona, ha un profumo fine e delicato che molti tra coloro che lo avvicinano hanno modo di avvertire distintamente.
>
> Di questo fenomeno io non avevo tenuto parola nella mia prima relazione[63] perché, essendo affatto privo del senso dell'odorato, non ero in grado di esprimere su di esso un qualsiasi giudizio personale [...].
>
> Il Padre Pio non fa, né ha mai fatto uso di alcuna sorta di profumi: tuttavia molti fra coloro che lo avvicinano asseriscono che emani dalla sua persona un profumo piacevole quasi un misto di violetta e di rose.
>
> [...] Per ciò che mi riguarda, posso affermare che nella mia prima visita tolsi dal suo costato un pannolino intriso di

sangue, che portai con me per una indagine microscopica. Io personalmente, per la ragione già detta, non ho avvertito in esso nessuna speciale emanazione: però un distinto ufficiale ed altre persone che al ritorno da San Giovanni Rotondo si trovavano nell'automobile presso di me, pur non sapendo che chiuso in un astuccio io recassi con me quel pannolino, nonostante la intensa ventilazione provocata dalla rapidità della corsa del veicolo, ne sentirono molto bene la fragranza, e mi assicurarono che rispondeva precisamente al profumo che emana dalla persona del Padre Pio.

Giunto a Roma, nei giorni successivi e per un lungo periodo di tempo, lo stesso pannolino, conservato in un mobile del mio studio, ne profumò così bene l'ambiente, che molte tra le persone che venivano a consultarmi me ne hanno spontaneamente domandata la origine»[64].

Ma «questo misterioso profumo veniva percepito sia da chi si trovava vicino al venerato Padre, sia da chi era lontano da lui», anche «a distanza di centinaia di chilometri, persino oltre oceano, in circostanze di solito legate alla persona di Padre Pio». In una circostanza una figlia spirituale gli chiese il significato di quel particolare odore. Il futuro santo rispose: «Indica solo la mia presenza»[65].

– Le estasi, cioè «l'uscita dell'essere umano, corpo e anima, dai confini di se stesso, fino a diventare estraneo e altro da sé. In questa condizione l'uomo trasferisce in Dio tutte le sue facoltà intellettive, volitive e sensitive perdendo la sua sensibilità, il controllo di sé e la relazione reale con l'esterno. L'esperienza divina è così forte da investire sia il corpo sia l'anima. L'estatico, sebbene non veda e non senta nulla, non è addormentato, [...] è inondato di indicibile gioia ed è, per grazia divina, posto nello stato di sperimentare una comunione con il Signore, da definirsi ineffabile e particolarmente profonda»[66].

Quelle che Padre Pio visse nel convento di Venafro, in provincia di Isernia, furono annotate da padre Agostino da San Marco in Lamis su alcuni quaderni, pubblicati con il titolo di *Diario*, su cui leggiamo:

> «Le estasi erano quasi continue: avvenivano due o tre volte al giorno: duravano da un'ora fino a due ore e mezza alle volte. In quella del 29-11 ed in quella del 3-12 si trovò presente il medico»[67].

Il medico a cui fa riferimento padre Agostino è dott. Nicola Lombardi di Pozzilli, un paese vicino a Venafro, che ha attestato:

> «Il P. Pio [...] steso sul letto con gli occhi aperti, rosso in volto, fissati gli occhi come in qualche cosa che gli fosse stato avanti; egli rivolgeva la parola a Cristo, alla Madonna ed all'Angelo custode. Il dialogo, soliloquio, che faceva non era sconnesso.
>
> Ciò durò circa mezz'ora in mia presenza ed in quella dei monaci.
>
> Durante questo stato visto il cuore, il polso, tutto era fisiologico.

Finito il dialogo, perché i personaggi coi quali lo faceva si ritiravano, egli chiudeva gli occhi e cadeva nel sonno. Se il guardiano, in questo stato di sonno, lo avesse chiamato da fuori la cella non facendogli sentire la voce, come fece in mia presenza, egli si svegliava ridendo e scherzando come mai fosse accaduto niente.

Durante il periodo del dialogo egli non avvertiva nulla di ciò che lo circondava.

[…] Giudicai quella forma come estasi da cui P. Pio era preso»[68].

– Le visioni, che «sono rivelazioni private, cioè messaggi divini che Dio dona al cuore dell'uomo facendo percepire oggetti naturalmente invisibili all'uomo. La parola *visione* propriamente parlando si riferisce al senso della vista; tuttavia, specialmente nella mistica, ha un senso più ampio che si estende dall'analizzare al comprendere»[69]. Padre Pio iniziò a fare queste esperienze in età precoce. Padre Agostino scrive, nel suo *Diario*, che «le apparizioni cominciarono al quinto anno di età, quando ebbe il pensiero ed il sentimento di consacrarsi per sempre al Signore, e furono continue»[70]. Ma il piccolo Francesco Forgione non era neppure sfiorato dal pensiero di vivere esperienze soprannaturali e conservò la convinzione che fossero situazioni comuni a ogni essere umano anche dopo la sua ordinazione sacerdotale. Infatti, l'appunto di padre Agostino continua così:

«Interrogato come mai le avesse celate per tanto tempo[71], candidamente rispose che non le aveva manifestate, perché le credeva cose ordinarie che succedessero a tutte le anime; difatti un giorno mi disse ingenuamente: "E lei non la vede la Madonna?" Ad una mia risposta negativa soggiunse: "Lei lo dice per santa umiltà!"»[72].

Rispondendo alla richiesta di maggiori delucidazioni, pervenutagli dal suo direttore spirituale, padre Benedetto da San Marco in Lamis[73], Padre Pio si sforza di descrivere ciò che non è facile tradurre in parole umane:

> «Le manifestazioni che il Signore suole fare all'anima mia parmi che vadano distinte così: in manifestazioni ed apparizioni puramente soprannaturali, riguardanti esseri privi di forme, ed in manifestazioni di esseri sotto forme umane.
>
> Le prime riguardano Iddio, le sue perfezioni, i suoi attributi. Di queste non riesco in nessun modo a trarle in iscritto non ostante che l'ho presente alla mente, come tengo attualmente presente questo foglietto, su di cui io scrivo.
>
> [...] In quanto all'altra specie di manifestazioni esse riguardano nostro Signore sotto figure umane; nell'ultima cena, grondante sangue nell'orto, legato alla colonna, glorioso e risplendente nella sua risurrezione ed in altri modi ancora.
>
> Riguardano ancora la Regina degli Angioli ed altri personaggi celesti rivestiti di forme umane.
>
> Di queste cose l'anima riesce in qualche modo ad esprimersi, ma preferirebbe di chiudersi in un perfetto mutismo, perché le fa male che nell'esprimersi vede la grande distanza che passa tra la cosa vista, e che tiene presente, e ciò che lei vale ad esprimere»[74].

Spesso le visioni celesti seguivano le vessazioni diaboliche. Lo ha rivelato lo stesso Padre Pio a padre Agostino:

«*Barbablù*[75] non si vuole dare per vinto. Ha preso quasi tutte le forme. Da vari giorni in qua mi viene a visitare assieme con altri suoi satelliti armati di bastoni e di ordigni di ferro e quello che è peggio sotto le proprie forme.

Chi sa quante volte mi ha gittato dal letto trascinandomi per la stanza. Ma pazienza! Gesù, la Mammina, l'Angioletto, san Giuseppe ed il padre san Francesco sono quasi sempre con me»[76].

E, successivamente, ha aggiunto che tali «celesti personaggi colle loro frequenti visite» lo rinfrancavano di quanto pativa dal demonio[77].

– La chiaroveggenza, cioè «la facoltà che consente di vedere con l'intelletto cose non percettibili attraverso la mediazione dei sensi o di prevedere gli svolgimenti futuri delle cose. Si tratta di vedere cose nascoste, ascoltare a distanza notevole o prevedere il futuro senza il concorso abituale dei sensi»[78].

Talvolta Dio concedeva a Padre Pio di rivelare eventi che non poteva conoscere in alcun modo con mezzi umani. Accadde molte volte, durante le due guerre mondiali, con i parenti dei soldati che gli chiedevano notizie sui loro cari al fronte e accadde anche in alcune circostanze particolari.

La prima riguarda l'invio a San Giovanni Rotondo, da

parte di Benedetto XV, di padre Luigi Besi, postulatore dei Passionisti, che giunse a Foggia insieme al prof. Raffaele Battistini, medico personale del papa[79]. Il loro viaggio doveva essere segreto. Ma Padre Pio, poco prima del loro arrivo, disse al suo guardiano: «Mandi pure il calessino del convento alla stazione, poiché è in arrivo un religioso Passionista mandato personalmente dal Santo Padre»[80]. Battistini, quando vide l'inaspettato e inspiegabile calesse dei frati «ritenne di non dover più andare ad incontrare il frate, ma di far ritorno immediatamente a Roma per riferire a S. Santità l'accaduto»[81]. Besi, invece, portò a termine il suo compito.

Altre due circostanze sono relative a Pio XII: il Cappuccino di Pietrelcina non solo lo vide in Paradiso subito dopo la sua morte, ma si mostrò a conoscenza dell'esistenza di un piano per rapirlo, progettato da Adolf Hitler e da lui comunicato solo al suo braccio destro Heinrich Himmler e a colui che avrebbe dovuto eseguire l'incarico, il generale Karl Wolff. Inoltre fu in grado di sapere che tale proposito era stato sventato. In quel momento, infatti, mentre si trovava nel coro della chiesetta antica del convento di San Giovanni Rotondo, Padre Pio confidò all'ex sindaco del paese, Francesco Morcaldi[82]: «Ciccillo, il papa si salverà!»[83].

5. Il senso dei carismi

Dio, dunque, ha dato tanti e straordinari carismi a un uomo solo, Padre Pio da Pietrelcina. E su questo ormai ad avere dubbi sono solo coloro che non conoscono o non hanno letto attentamente o non hanno voluto leggere attentamente le testimonianze e i documenti della causa di beatificazione e di canonizzazione, ormai in gran parte pubblicati.

Tutti questi doni straordinari sono sufficienti a decretare la santità dell'umile frate di Pietrelcina?

Assolutamente no. In realtà tutto ciò che è stato finora esposto con la santità non c'entra nulla. O al massimo c'entra molto poco.

Il *Catechismo della Chiesa Cattolica*, infatti, rifacendosi alla Costituzione conciliare *Lumen gentium*, ci insegna che le «grazie speciali [chiamate "carismi"]» hanno solo la funzione di «rendere i fedeli adatti e pronti ad assumersi varie opere o uffici, utili al rinnovamento della Chiesa e allo sviluppo della sua costituzione»[84]. Dunque sono finalizzati «all'edificazione della Chiesa, al bene degli uomini e alle necessità del mondo»[85], ma a condizione che «si tratti di doni che provengono veramente dallo Spirito Santo e siano esercitati in modo pienamente conforme agli autentici impulsi dello stesso Spirito, cioè secondo la carità, vera misura dei carismi»[86]. Perché anche il diavolo può compiere prodigi. E perché alcuni, pur privilegiati da doni divini, montano in superbia e, senza neanche rendersene conto, vengono trascinati, dal guinzaglio della vanità, nella rete del nemico. Ma questo non è accaduto a Padre Pio, che ha sempre camminato sulla strada dell'umiltà. Possono bastare tre, tra gli innumerevoli episodi raccontati dai vari testimoni, per farsene un'idea.

Padre Eusebio Notte ha dichiarato:

«Non sapeva spiegarsi perché la gente andasse da lui. Più di una volta mi ha infatti confidato: "Ma che viene a fare qui questa gente?". In altre circostanze ha aggiunto: "Se essi potessero soltanto immaginare chi sono io, fuggirebbero"»[87].

Padre Carmelo Durante ha scritto:

«Ad un'anima che chiedeva preghiere per ottenere una grazia [...] e si rivolgeva al padre dicendo: "Padre, voi siete tanto buono..." egli rispondeva bruscamente: "Io non sono buono; solo Gesù è buono. Non so come quest'abito di san Francesco che indosso non scappi via da me! L'ultimo delinquente della terra è d'oro al pari di me"»[88].

Potrebbero sembrare espressioni esagerate, ma in realtà rivelano la particolare sensibilità di Padre Pio nei confronti del peccato, inteso come mancata corresponsione all'amore di Dio. Spiega, infatti, fr. Marcellino Iasenzaniro:

«Era costante in lui la preoccupazione di non rendere al Signore in proporzione alla sua divina munificenza, che lo aveva arricchito di doni. [...] Egli, illuminato in modo straordinario dalla grazia, quanto più cresceva nella cognizione della grandezza e bontà di Dio, tanto più scopriva l'abisso della sua miseria, che lo separava da lui»[89].

Lo stesso fr. Marcellino ha trascritto un'altra significativa testimonianza sull'umiltà del suo santo Confratello:

«Una sera d'estate del 1958, durante una ricreazione, che Padre Pio si concedeva insieme a confratelli e figli spirituali dopo la funzione eucaristica, un giovane sacerdote disse: "Padre, lei è per noi come un rubinetto attraverso cui passano le risposte a tutte le nostre angustie, preoccupazioni, desideri ecc...".

Padre Pio si irrigidì ed esclamò: "Uagliò, che sei venuto qui a tentarmi?".

Poi, raddolcendosi, aggiunse: «Forse la tua espressione può essere giusta, a patto che si riconosce che il rubinetto sarebbe uno strumento inutile, se non ci fosse l'acqua della grazia che vi scorre dentro»[90].

In ogni caso non c'è nessun nesso necessario fra manifestazione di doni straordinari e santità. I carismi sono «ordinati alla grazia santificante»[91], cioè sono concessi per raccogliere frutti di santità. Ne era convinto lo stesso Padre Pio che, a una sua figlia spirituale, spiegò:

«Senti, questi doni il Signore li dà alle anime non per la santificazione personale, ma perché siano di attrattiva per altre anime da portare a Lui, come la scrutazione dei cuori, la chiaroveggenza, lo spirito di profezia. Tutte queste cose non accrescono la grazia santificante, ma son mezzi per chiamare altre anime a Dio»[92].

Ma Dio può servirsi di chiunque e di qualunque cosa per intervenire in maniera straordinaria nella storia dell'umanità al fine di richiamare ogni uomo alla sua vocazione fondamentale, che è quella di farsi santo.

Dunque «i miracoli di Cristo e dei santi, le profezie… sono segni certissimi della divina rivelazione, adatti a ogni intelligenza, sono motivi di credibilità i quali mostrano che l'assenso della fede non è affatto un cieco monito dello spirito»[93]. Insomma i prodigi servono per noi, che siamo tanti Tommaso, per sostenere la nostra fede debole. Non servono ai santi. E non servono a farsi santi.

È un altro il requisito essenziale. «La carità è l'anima della santità alla quale tutti siamo chiamati»[94].

«Dio è amore; chi sta nell'amore dimora in Dio e Dio dimora in lui», ci ha ricordato il Pontefice emerito Benedetto XVI, citando la prima lettera di Giovanni, all'inizio della sua enciclica *Deus Caritas est*.

«Creando l'uomo a sua immagine e somiglianza Dio lo corona di gloria (cioè lo rende partecipe della sua santità), ma l'uomo, peccando, viene privato della Gloria di Dio», ci spiega ancora il Catechismo della Chiesa Cattolica[95].

Che cosa significa tutto ciò? Quando leggiamo nel libro della Genesi che «Dio creò l'uomo a sua immagine»[96] non significa che il Padre Eterno ha gli occhi, il naso, lunghi e bianchi capelli e barba folta e candida, come raffigurato in ardite immagini della santissima Trinità. Fuori di metafora: non significa che i pensieri di Dio debbano coincidere con i miei pensieri, che la sua volontà debba adeguarsi alla mia, che posso ricordarmi di lui e ricorrere a lui solo quando ho bisogno di risolvere un problema per il quale si sono rivelate inefficaci le "raccomandazioni" dei "potenti" della terra. Quello è Dio "creato" a immagine dell'uomo. È proprio dal concetto giovanneo di un Dio-amore che si comprende la somiglianza dell'uomo con Dio, che consiste proprio nella capacità di amare. E tanto più gli somiglierà quanto più amerà, cioè quanto più amerà lo stesso Dio e gli altri uomini, perché «amore di Dio e amore del prossimo sono inseparabili»[97]. Lo stesso Padre Pio diceva: «L'Amore non è altro che la scintilla di Dio negli uomini»[98]. Ecco perché «solamente nel mistero del Verbo incarnato trova vera luce il mistero dell'uomo». Gesù, infatti, ha amato l'uomo fino all'estremo sacrificio: «Agnello innocente, col suo sangue sparso liberamente ci ha meritato la vita; in lui Dio ci ha riconciliati con se stesso e tra noi». In tal modo è divenuto, ai nostri occhi, «l'immagine dell'invisibile Iddio» (*Col* 1,15)» e «l'uomo perfetto che ha restituito ai figli di Adamo la somiglianza con Dio, resa deforme già subito agli inizi a causa del peccato»[99]. È Lui, dunque, la via della santità.

Il Cappuccino di Pietrelcina è santo perché, seguendo le orme Cristo da autentico figlio di san Francesco, «ha esercitato in grado eroico le virtù teologali della fede, della speranza e carità, sia verso Dio sia verso il prossimo, nonché le virtù cardinali della prudenza, giustizia, fortezza, temperanza, e le virtù annesse». È santo perché, «acceso dall'amore di Dio e dall'amore del prossimo, Padre Pio visse in pienezza la vocazione a contribuire alla redenzione dell'uomo, secondo la speciale missione che caratterizzò tutta la sua vita. Attuò questo programma con tre mezzi: mediante la direzione delle anime, mediante la riconciliazione sacramentale dei peccatori, mediante la celebrazione della santa Messa»[100]. Così si è espressa la Congregazione delle Cause dei Santi, delineando una verità sconvolgente che, quando il Cappuccino di Pietrelcina era ancora in vita, aveva intuito solo padre Benedetto da San Marco in Lamis[101].

Ma cosa significa che «Padre Pio visse in pienezza la vocazione a contribuire alla redenzione dell'uomo»?

Per una risposta completa a questa domanda bisogna anzitutto ricordare quello che il santo Cappuccino fece scrivere sull'immaginetta-ricordo della sua ordinazione sacerdotale: «Con Te io sia pel mondo / Via Verità Vita / E per Te Sacerdote santo / Vittima perfetta»[102]. Non erano, quelle, belle parole di circostanza. Lo si comprende leggendo una lettera scritta dallo stesso Cappuccino qualche mese dopo, il 29 novembre 1910, allo stesso padre Benedetto:

> «Ed ora poi vengo, padre mio, a chiederle un permesso. Da parecchio tempo sento in me un bisogno, cioè di offrirmi al Signore vittima per i poveri peccatori e per le anime purganti. Questo desiderio è andato crescendo sempre di più nel mio cuore tanto che ora è divenuto, sarei per dire, una forte passione».

Ma, chiesto il permesso, qualche rigo dopo confessava al suo direttore spirituale:

> «L'ho fatta, è vero, più volte questa offerta al Signore, scongiurandolo a voler versare sopra di me i castighi che sono preparati sopra dei peccatori e sulle anime purganti, anche centuplicandoli su di me, purché converta e salvi i peccatori ed ammetta presto in paradiso le anime del purgatorio, ma ora vorrei fargliela al Signore questa offerta colla sua obbedienza»[103].

Il direttore spirituale gli diede la sua approvazione. «Fa pure l'offerta di cui mi parli...», rispose, aggiungendo: «che sarà accettatissima al Signore». E poi lo incoraggiò:

> «Stendi pure tu le braccia sulla tua croce ed offrendo al Padre il sacrificio di te stesso in unione al tenerissimo Salvatore, patisci, gemi e prega per gl'iniqui della terra e i miseri dell'altra vita»[104].

Quando ha scritto queste parole, padre Benedetto non sapeva, come abbiamo già scritto in precedenza, che il Signore aveva già accettato questa offerta e aveva suggellato questo patto di amore totale con i segni delle sue piaghe (le prime stimmate).

Ecco, dunque, perché Padre Pio è santo. Perché ha tanto amato Dio e l'umanità da chiedere e da accettare, giorno per giorno, una lunga vita di sofferenze (non solo quelle fisiche delle piaghe e delle malattie, ma anche umiliazioni, privazioni, calunnie, solitudine e aridità spirituale) per salvare i peccatori, vivi o defunti, e per condividere, a questo scopo, la croce di Cristo.

Dunque tutti i suoi doni straordinari non sono serviti a renderlo santo, ma a rendere esemplare la sua fede[105] e a dare credibilità alla missione, che è stata quella di aiutare gli altri a farsi santi. Sono stati degli strumenti attraverso cui la misericordia di Dio ha attratto gli uomini per rinnovare, ancora una volta, con loro la sua alleanza di amore. Come scrive padre Ferdinando da Riese Pio X nella biografia *Padre Pio da Pietrelcina, crocifisso senza croce*:

> «Per far sentire più obbligante e attraente la conversione del mondo a Dio, per rendere più visibile e più identificabile l'uomo mandato da Dio a tale scopo, lo stesso Mandante arricchì il mandato di doni. Furono straordinari e terribili ad un tempo. Riscontrabili nel Padre Pio, dovevano essere per lui stesso credenziali da mostrare, per gli altri motivi per credere. Dovevano essere l'ostensorio della sua missione salvifica. Ancora una volta, nella storia della salvezza, Dio ricorse ai segni, per aiutare gli uomini a credere. Pose sotto gli occhi degli uomini delle prove, affinché s'arrendessero dinanzi all'evidenza. Gli uomini devono saper cogliere e leggere i segni. Anzitutto, i segni più palesi, come ad esempio, le stimmate, i profumi, la bilocazione, la scrutazione delle coscienze»[106].

Un'opinione, questa, condivisa anche da due autorevoli pastori della Chiesa del secolo scorso: il cardinal Giuseppe Siri, arcivescovo di Genova, che riteneva i carismi di

Padre Pio «motivi di credibilità» conferiti da Dio a questo ricercato confessore «perché questa missione fosse capita»[107], e il cardinal Corrado Ursi, arcivescovo di Napoli, secondo cui:

> «I miracoli, le bilocazioni, il discernimento degli spiriti e le profezie [...] che senso avevano? [...] Se queste cose mirabili egli ha operato, come strumento dell'Amore Infinito, sono stati mezzi provvidenziali per accreditare il ministero della riconciliazione con Dio, da lui sofferto fino all'immolazione, onde attirare tanti, tanti peccatori, specialmente inveterati, induriti, impermeabili ad ogni altro raggio della grazia divina, al lavacro dello spirito, alla rinascita in Dio, alla riconquista della suprema libertà dei figli di Dio»[108].

Note al capitolo II

1. Cfr. A. Bobbio, A. Tradigo, «I santi nella storia. I più amati dagli italiani», in *Famiglia Cristiana*, n. 45, del 5 novembre 2006, pp. 66 e ss.

2. «Informatio super dubio», in *Beatificationis et Canonizationis Ven. Servi Dei Pii a Pietrelcina. Positio super miraculo*, Tipografia Guerra, Roma 1998, p. 4.

3. Cfr. *ivi*, p. 5.

4. Cfr. *ivi*, pp. 16 e ss.

5. Cfr. *ivi*, p. 21.

6. Cfr. «Relazione sulla seduta della Commissione Medica della Congregazione delle Cause dei Santi», in *Positio super miraculo*, cit., 1998, p. 6.

7. Cfr. G. Di Flumeri, *Il Beato Padre Pio da Pietrelcina*, Edizioni Padre Pio da Pietrelcina, San Giovanni Rotondo (FG) 2001, pp. 305 e ss.

8. Cfr. «Fattispecie cronologica», in *Canonizationis Beati Pii a Pietrelcina. Positio super miraculo*, Tipografia Guerra, Roma 2001, pp. 2 e ss.

9. «Informatio super dubio», in *Positio super miraculo*, cit., 2001, p. 3.

10. «Nella casistica della letteratura internazionale viene riportata una mortalità del 100%, quando gli organi interessati ed insufficienti sono superiori a 5» («Fattispecie cronologica», in *Positio super miraculo*, cit., 2001, p. 35).

11. Cfr. *ivi*, pp. 7-8.

12. «Informatio super dubio», in *ivi*, p. 8.

13. «Fattispecie cronologica», in *ivi*, pp. 9-10.

14. Cfr. «Informatio super dubio», in *ivi*, pp. 12 e ss.

15. Cfr. «Fattispecie cronologica», in *ivi*, p. 8.

16. Cfr. *ivi*, pp. 12 e ss.

17. *Ivi*, pp. 29-30.

18. Cfr. «Relazione sulla seduta della Commissione Medica della Congregazione delle Cause dei Santi», in *ivi*, p. 7.

19. Congregazione delle Cause dei Santi, «Decreto sul miracolo», in *Voce di Padre Pio*, anno XXXIII, n. 4, aprile 2002, p. 27.

20. «Lettera di Padre Pio a padre Benedetto da San Marco in Lamis del 22 ottobre 1918», in P. da Pietrelcina, *Epistolario*, M. da Pobladura, A. da Ripabottoni (Ed.), Edizioni Padre Pio da Pietrelcina, San Giovanni Rotondo (FG) 1995, vol. I, p. 1093.

21. F. Castelli, *Padre Pio sotto inchiesta. L'«autobiografia» segreta*, Edizioni Ares, Milano 2008, p. 220.

22. «Dal punto di vista medico le stimmate si possono definire lesioni cutanee o segni di sangue, di varia forma, profondità e localizzazione che sanguinano con varia entità e periodicità (di solito il venerdì o durante le feste liturgiche che ricordano la Passione di Gesù). Tali "ferite" e/o episodi emorragici compaiono spontaneamente, cioè senza alcuna apparente causa traumatica [...]. La loro principale caratteristica è quella di formare una sindrome che richiama immediatamente il martirio di Gesù cui egli fu sottoposto durante la sua Passione nel periodo che va dal pianto di sangue nell'Orto degli ulivi fino alla morte per crocifissione che fu confermata dal colpo di lancia di un soldato romano. Rientrano, perciò, nella definizione di *stigmata passionis* i seguenti fenomeni: il sudore di sangue (o ematoidrosi) (cfr. *Lc* 22, 44), le ferite prodotte dalla coronazione di spine e dalla flagellazione (cfr. *Mc* 15,17; *Gv* 19,1), le lesioni causate dalle percosse, dal peso della croce e dalle cadute durante la salita al Calvario (cfr. *Mt* 26,67; *Mc* 14,65; *Gv* 18,22), le soluzioni di continuità cutanea e muscolo-tendinea, localizzate alle mani (intese anatomicamente come carpo, metacarpo e dita) e ai piedi prodotte dalla crocifissione vera e propria con chiodi da carpentiere (*trabales*), la vasta ferita penetrante della base dell'emitorace (*pleuràn*) provocata dalla lancia di uno dei soldati venuti a constatare la morte (cfr. *Gv* 19,33-34)» (P.M. Marianeschi, «Stimmate», in L. Borriello, R. Di Muro (Ed.), *Dizionario dei fenomeni mistici cristiani*, Àncora, Milano 2014, pp. 128-129).

23. Maria Anna (Mariannina), detta Nina, Campanile era la quarta di dieci figli di Nicola e Maria Formica, entrambi di San Giovanni Rotondo. Come alcune delle sue sorelle, Nina frequentò le scuole superiori e conseguì il diploma

magistrale; ha insegnato nelle scuole elementari di San Giovanni Rotondo. Al primo invito della madre e della sorella maggiore a salire al convento assieme a loro per vedere il «monaco santo», arrivato da pochi giorni, Nina rispose con un netto rifiuto. Un luttuoso evento familiare la fece andare al convento più presto di quanto lei pensasse: il 16 settembre 1916 morì al fronte il giovane fratello Pasqualino e la madre, dopo preghiere e messe di suffragio, ansiosa della sorte eterna del figlio, ingiunse a Nina di andare a domandare al «monaco santo» se il fratello era salvo. Il 5 ottobre la ragazza vide per la prima volta Padre Pio, accompagnato dall'insegnante Vittorina Ventrella e, interrogatolo, si sentì rispondere: «Se la misericordia di Dio dovesse pesare da quel che voi pensate, gli uomini sarebbero tutti all'inferno. È salvo, sì, ed ha bisogno di suffragi». Questo primo incontro sarebbe stato seguito da tanti altri, da cui scaturì una lunga e ininterrotta direzione spirituale, sia verbale sia epistolare, quando gli eventi costringevano l'uno o l'altra ad allontanarsi da San Giovanni Rotondo.

24. «Testimonianza di Nina Campanile», in G. Di Flumeri (Ed.), *Le stigmate di Padre Pio da Pietrelcina*, Edizioni Padre Pio da Pietrelcina, San Giovanni Rotondo (FG) 1985, pp. 140-141.

25. «Testimonianza di Vittoria Ventrella», in G. Di Flumeri (Ed.), *Le stigmate di Padre Pio da Pietrelcina*, cit., pp. 141-142.

26. P. da Casacalenda, *Le mie memorie intorno a Padre Pio*, Edizioni Padre Pio da Pietrelcina, San Giovanni Rotondo (FG) 1978, pp. 111 e ss.

27. «Lettera di Padre Pio a padre Benedetto del 17 ottobre 1918», in *Epistolario*, cit., vol. I, p. 1090.

28. «Lettera di padre Benedetto a Padre Pio del 19 ottobre 1918», in *Epistolario*, cit., vol. I, p. 1091.

29. Cfr. *supra*.

30. «Lettera di Padre Pio a padre Benedetto del 22 ottobre 1918», in *Epistolario*, cit., vol. I, p. 1093.

31. «Lettera di Padre Pio a padre Agostino del 10 ottobre 1915», in *Epistolario*, cit., vol. I, p. 669.

32. «Lettera di Padre Pio a padre Benedetto dell'8 settembre 1911», in *Epistolario*, cit., vol. I, p. 234.

33. P.M. Marianeschi, «La scomparsa delle stimmate di Padre Pio», in *Atti del Convegno di studio sulle stimmate del Servo di Dio Padre Pio da Pietrelcina*, Edizioni Padre Pio da Pietrelcina, San Giovanni Rotondo (FG) 1988, p. 245.

34. Si è svolto a San Giovanni Rotondo dal 16 al 20 settembre 1987.

35. P. M. Marianeschi, «La scomparsa delle stimmate di Padre Pio», in *Atti del Convegno di studio sulle stimmate*, cit., pp. 238 e ss.

36. Cfr. «Lettera di Padre Pio a padre Agostino del 10 ottobre 1915», in *Epistolario*, cit., vol. I, p. 669.

37. Cfr. S. Campanella, *Il Papa e il Frate*, Edizioni Padre Pio da Pietrelcina, San Giovanni Rotondo (FG) 2007, p. 53 e ss.; cfr. anche M. da Pietrelcina, *Io... testimone del Padre*, Edizioni Padre Pio da Pietrelcina, San Giovanni Rotondo (FG) 2013, pp. 155 e ss.

38. Cfr. «Lettera di Padre Pio a padre Benedetto del 21 agosto 1918», in *Epistolario*, cit., vol. I, p. 1065.

39. R. Di Muro, «Transverberazione», in L. Borriello, R. Di Muro (Ed.), *Dizionario dei fenomeni mistici cristiani*, cit., p. 138.

40. R. Moretti, «La transverberazione di Padre Pio», in *Atti del Convegno di studio sulle stimmate*, cit., p. 314.

41. *Ivi*, p. 309.

42. Istituto della Enciclopedia Italiana fondata da Giovanni Treccani, *Enciclopedia Italiana*, vol. XXXV, p. 820.

43. A. da San Marco in Lamis, *Diario*, Edizioni Padre Pio da Pietrelcina, San Giovanni Rotondo (FG) 2012, p. 181.

44. Cfr. *ibidem*.

45. Cfr. *ivi*, p. 288.

46. P. da Pietrecina, *Epistolario*, cit., vol. I, p. 302, n. 2.

47. F. Armenti, «Discernimento degli spiriti», in L. Borriello, R. Di Muro (Ed.), *Dizionario dei fenomeni mistici cristiani*, cit., p. 46.

48. V. Marcozzi, «Considerazioni sui fatti straordinari di Padre Pio», in *Positio super vitutibus*, cit., vol. IV, parte III, p. 256.

49. A. da San Marco in Lamis, *Diario*, cit., pp. 288-289.

50. Cfr. capitolo 1.

51. P.M. Marianeschi, «Irradiazione luminosa», in L. Borriello, R. Di Muro (Ed.), *Dizionario dei fenomeni mistici cristiani*, p. 76.

52. Cfr. G. Festa, *Misteri di scienza e luci di fede. Le stigmate del Padre Pio da Pietrelcina*, Stabilimento Tipo-Litografico Vittorio Ferri, Roma 1938², p. 215.

53. Cfr. A. D'Apolito, *Padre Pio da Pietrelcina. Ricordi, esperienze, testimonianze*, Edizioni Padre Pio da Pietrelcina, San Giovanni Rotondo (FG) 1978, p. 94.

54. *Ivi*, p. 97.

55. F. Armenti, «Bilocazione», in L. Borriello, R. Di Muro (Ed.), *Dizionario dei fenomeni mistici cristiani*, cit., p. 29. Cfr. anche *ivi*, pp. 174 e ss.

56. Cfr. P. da Pietrelcina, *Epistolario*, cit., vol. IV, p. 1029; «Testimonianza di Giovanna Rizzani ved. Boschi», in *Positio super virtutibus*, cit., vol. II, p. 109 e s.

57. Cfr. P. da Pietrelcina, *Epistolario*, cit., vol. II, pp. 185, 208 e 258.

58. Cfr. «Testimonianza di Angelo Battisti», in *Positio super virtutibus*, cit., vol. II, p. 1638.

59. *Ivi*, pp. 1638-1639.

60. F. Armenti, «Osmogenesi», in L. Borriello, R. Di Muro (Ed.), *Dizionario dei fenomeni mistici cristiani*, cit., p. 103.

61. G. Preziuso, «Padre Pio: un Santo ricco di carismi (8). Il dono del profumo», in *Voce di Padre Pio*, anno XXXVII, n. 2, febbraio 2006, p. 40.

62. Cfr. A. da San Marco in Lamis, *Diario*, cit., p. 179.

63. Il dott. Giorgio Festa visitò Padre Pio, per incarico del Ministro Generale dei Cappuccini, la prima volta nell'ottobre del 1919 e la seconda nell'anno successivo, insieme con il dott. Luigi Romanelli.

64. G. Festa, *Misteri di scienza e luci di fede*, cit., pp. 152-153.

65. Cfr. G. Preziuso, «Padre Pio: un Santo ricco di carismi (8). Il dono del profumo», in *Voce di Padre Pio*, febbraio 2006, pp. 41-42. Il giornalista Giovanni Gigliozzi e la moglie avvertirono il profumo di Padre Pio persino nelle scale «sudice e puzzolenti» di un ufficio postale (cfr. G. Gigliozzi, ... *E Padre Pio mi disse...*, Newton & Compton editori, Roma 2001, p. 65).

66. R. Di Muro, «Estasi», in L. Borriello, R. Di Muro (Ed.), *Dizionario dei fenomeni mistici cristiani*, cit., p. 54.

67. A. da San Marco in Lamis, *Diario*, cit., p. 49.

68. «Lettera del dott. Nicola Lombardi a padre Agostino del 13 febbraio 1912», in *Voce di Padre Pio*, anno IV, n. 3, marzo 1973, p. 7.

69. R. Talmelli, «Visioni», in L. Borriello, R. Di Muro (Ed.), *Dizionario dei fenomeni mistici cristiani*, cit., p. 144.

70. Cfr. A. da San Marco in Lamis, *Diario*, cit., p. 53.

71. Fino al 1915, anno in cui padre Agostino scrive questo appunto.

72. A. da San Marco in Lamis, *Diario*, cit., p. 53.

73. Cfr. «Lettera di padre Benedetto a Padre Pio del 15 gennaio 1913», in *Epistolario*, cit., vol. I, p. 371.

74. «Lettera di Padre Pio a padre Benedetto del 20 giugno 1913», in *Epistolario*, cit., vol. I, pp. 373 e ss.

75. È uno dei nomi con cui Padre Pio chiamava il diavolo.

76. «Lettera di Padre Pio a padre Agostino del 18 gennaio 1912», in *Epistolario*, cit., vol. I, p. 252.

77. Cfr. «Lettera di Padre Pio a padre Agostino del gennaio 1912», in *Epistolario*, cit., vol. I, p. 255.

78. R. Di Muro, «Chiaroveggenza», in L. Borriello, R. Di Muro (Ed.), *Dizionario dei fenomeni mistici cristiani*, cit., p. 34.

79. Cfr. *Positio super virtutibus*, cit., vol. IV, p. 50; P. da Pietrelcina, *Epistolario*, cit., vol. I, p. 14; G. Saldutto, *Un tormentato settennio nella vita di Padre Pio da Pietrelcina*, Pontificia Universitas Gregoriana, Roma 1974, p. 140. Queste fonti riportano, però, il nome del dott. Bastianelli. Più precisamente negli atti del processo si parla del prof. Giuseppe Bastianelli (cfr. *Positio super virtutibus*, cit., vol. IV, p. 50 e *Beatificationis et canonizationis Servi Dei Pii a Pietrelcina. Positio super virtutibus*, vol. I/1, Tipolitografia Signum, Bollate (MI) 1997, p. 409, n. 34), specificando che si trattava del «medico personale di papa Benedetto XV». In realtà il medico personale del papa era il prof. Raffaele Battistini (cfr. *Annuario Pontificio*, 1918, p. 596). Solo *Un tormentato settennio*, però, cita la duplice origine dell'informazione: un articolo pubblicato dall'*Eco di San Gabriele* nell'agosto 1973, alle pagine 236-237, intitolato «Incontri provvidenziali» e firmato da padre Filippo D'Amando e il primo volume dell'*Epistolario* di Padre Pio, p. 14. Poiché quest'ultimo riporta il nome di Bastianelli fin dalla prima edizione (1971) è probabile che sia questa l'origine dell'errore a catena.

80. *Positio super virtutibus*, cit., vol. IV, p. 50.

81. F. Spaccucci, *I cinque Papi di Padre Pio*, Laurenziana, Napoli 1968, p. 37.

82. Nacque a San Giovanni Rotondo il 2 novembre 1889; per tre periodi fu sindaco della sua città (dal 1923 al 1927, dal 1954 al 1959 e dal 1962 al 1965). Costante, sincero e devoto amico di Padre Pio e dei suoi confratelli. È morto il 18 agosto 1976.

83. Cfr. S. Campanella, «Pio XII. Il Papa che Padre Pio 'vide' in Paradiso», in *Studi su Padre Pio*, anno VIII, n. 3, settembre-dicembre 2007, pp. 499 e ss.

84. Cfr. *Catechismo della Chiesa Cattolica*, 798.

85. Cfr. *ivi*, 799.

86. *Ivi*, 800.

87. «Testimonianza di padre Eusebio Notte», in *Positio super virtutibus*, cit., vol. II, p. 301.

88. C. da Sessano, *Testimonianza su Padre Pio*, cit., p. 7.

89. M. Iasenzaniro, *Padre Pio. Profilo di un santo*, Edizioni Padre Pio da Pietrelcina, vol. I, San Giovanni Rotondo (FG) 2009, pp. 255 e ss.

90. *Ivi*, pp. 268-269.

91. Cfr. *Catechismo della Chiesa Cattolica*, 2003.

92. G. Preziuso, «Padre Pio: un Santo ricco di carismi (8). Il dono del profumo», in *Voce di Padre Pio*, febbraio 2006, p. 40.

93. *Catechismo della Chiesa Cattolica*, 156.

94. *Ivi*, 826.

95. *Ivi*, 2809.

96. *Gen* 1,27.

97. Benedetto XVI, *Deus caritas est*, Lettera enciclica sull'amore cristiano, 25 dicembre 2005, 18.

98. G. Leone, *Padre Pio e la sua Opera*, Edizioni Casa Sollievo della Sofferenza, San Giovanni Rotondo (FG) 2006, p. 48.

99. Cfr. *Gaudium et spes*, Costituzione pastorale sulla Chiesa nel mondo contemporaneo, 7 dicembre 1965, 22. Lo stesso documento conciliare spiega che «chiunque segue Cristo, l'uomo perfetto, diventa anch'egli più uomo» (*Gaudium et spes*, 41).

100. Congregazione delle Cause dei Santi, «Decreto sulle virtù», 18 dicembre 1997, in *Voce di Padre Pio*, anno XXIX, n. 6, giugno 1998, pp. 26 e ss.

101. Fu lui a spiegargli che aveva ricevuto una «vocazione a corredimere». Cfr. «Lettera di padre Benedetto a Padre Pio del 27 agosto 1918», in *Epistolario*, cit., vol. I, p. 1068.

102. F. da Riese Pio X, *Padre Pio da Pietrelcina, crocifisso senza croce*, Edizioni Padre Pio da Pietrelcina, San Giovanni Rotondo (FG) 2007, p. 85.

103. «Lettera di Padre Pio a padre Benedetto del 29 novembre 1910», in *Epistolario*, cit., vol. I, p. 206.

104. «Lettera di padre Benedetto a Padre Pio del 1° dicembre 1910», in *Epistolario*, cit., vol. I, p. 207.

105. Cfr. *Mc* 16,17-18.

106. F. da Riese Pio X, *Padre Pio da Pietrelcina, crocifisso senza croce*, cit., p. 206.

107. Cfr. G. Preziuso, «Padre Pio: un Santo ricco di carismi (9). Il dono delle profezie», in *Voce di Padre Pio*, anno XXXVII, n. 3, marzo 2006, p. 31.

108. C. Ursi, «Il messaggio di Padre Pio», discorso pronunciato prima della benedizione della monumentale *Via Crucis* a San Giovanni Rotondo, 25 maggio 1971, in *Voce di Padre Pio*, anno II, n. 7-8, luglio-agosto 1971, p. 4.

III

PADRE PIO MISERICORDIOSO

Padre Pio non si è limitato a dispensare la misericordia del Signore attraverso il sacramento della Riconciliazione, ma è stato un testimone concreto e diretto della misericordia annunciata da Gesù con la sua vita e con la Parola:

> «Avete inteso che fu detto: Occhio per occhio e dente per dente. Ma io vi dico di non opporvi al malvagio; anzi, se uno ti dà uno schiaffo sulla guancia destra, tu porgigli anche l'altra, e a chi vuole portarti in tribunale e toglierti la tunica, tu lascia anche il mantello. E se uno ti costringerà ad accompagnarlo per un miglio, tu con lui fanne due. Dà a chi ti chiede, e a chi desidera da te un prestito non voltare le spalle.
>
> Avete inteso che fu detto: Amerai il tuo prossimo e odierai il tuo nemico. Ma io vi dico: amate i vostri nemici e pregate per quelli che vi perseguitano, affinché siate figli del Padre vostro che è nei cieli; egli fa sorgere il suo sole sui cattivi e sui buoni, e fa piovere sui giusti e sugli ingiusti. Infatti, se amate quelli che vi amano, quale ricompensa ne avete? Non fanno così anche i pubblicani? E se date il saluto soltanto ai vostri fratelli, che cosa fate di straordinario? Non fanno così anche i pagani?»[1].

Essendosi impegnato, il 22 gennaio 1904 temporaneamente e il 27 gennaio 1907 permanentemente, a «osservare il santo Vangelo del Signore nostro Gesù Cristo, vivendo in obbedienza, senza nulla di proprio e in castità»[2], secondo la Regola di san Francesco, e le Costituzioni dei Frati Minori Cappuccini, il religioso di Pietrelcina ha seguito l'insegnamento e l'esempio del Figlio di Dio anche nelle situazioni più difficili della sua lunga e tormentata esistenza, alle quali si riferiscono le quattro storie di perdono riportate nel presente capitolo.

1. Don Giovanni Miscio

All'inizio «del dicembre 1925 la signorina Pompilio Maria, insegnante elementare», in un colloquio con il «collega d'insegnamento», il canonico don Giovanni Miscio, apprese che il sacerdote aveva scritto «un opuscolo»[3], che si accingeva a far stampare, contenente «insinuazioni oscene» sul conto di Padre Pio, che veniva descritto «alle volte per uno strano ammalato subcosciente, ed istrumento cieco nelle mani dei frati avidi di guadagno, a loro derivabile dalle oblazioni dei devoti; altre volte egli è descritto quale un superbo, con una certa vana posa di superiorità verso gli altri Ministri della Chiesa, e volontariamente appartatosi in una esigua cerchia di zelatrici, ed altre volte, infine, lo si coinvolge in scene muliebri alquanto ardite, e con qualche punta di insinuazione per la di lui serietà e illibatezza»[4]. «Questo libro», spiegò don Giovanni, «deve essere pubblicato da un editore milanese» col quale aveva sottoscritto un contratto, in base al quale il sacerdote avrebbe ricevuto la somma di cinquemila lire alla consegna del manoscritto, ma avrebbe dovuto pagare la stessa cifra come penale «nel caso decidesse di non tener fede all'impegno di finire e inviare il libello». Mostrandosi pentito dell'accordo sottoscritto, il canonico confidava all'insegnante di voler trovare una soluzione per tirarsi fuori dai pasticci senza danneggiare il religioso stigmatizzato, però aggiungeva di non avere a disposizione il denaro per pagare la penale[5]. La donna gli credette e, «spinta dal sentimento di devozione verso il pio Cappuccino, e nel desiderio di evitargli dispiaceri», si affrettò a riferire l'accaduto a Emanuele Brunatto[6], «che ella conosceva» e che considerava «molto affezionato alla persona di Padre Pio» e lo invitò a farsi carico della trattativa con il presbitero. I due si incontrarono e, «in un primo colloquio», dopo aver confermato l'«esistenza ed il contenuto lesivo dell'opuscolo, il canonico ripetette l'offerta di non darlo alle stampe dietro compenso pecuniario»[7]. Ma l'interlocutore gli spiegò: «La famiglia di Padre Pio non è assolutamente in grado di versare una simile cifra, vivendo in completa povertà»[8]. Le trattative andarono avanti per un po' di tempo finché il sacerdote pose un *ultimatum*: «Il denaro, se si vuol proteggere Padre Pio, va consegnato entro e non oltre il 2 gennaio! In compenso, le pretese si sono modestamente attenuate, e dalle cinquemila lire iniziali si scende a quattromila».

Comprendendo che ormai il dialogo era arrivato al capolinea, Brunatto si sentì in dovere di avvisare la famiglia di

Padre Pio che, ovviamente, restò profondamente turbata. Michele Forgione, il fratello maggiore del frate, dopo un primo momento di sbandamento, chiese aiuto all'informatore per «anticipare il denaro necessario per tacitare il ricattatore». L'incaricato, però, andò oltre il mandato ricevuto e, sapendo che generalmente «un ricattatore pagato una volta, va poi pagato per sempre», si mostrò «disposto a pagare al Miscio la somma richiesta, o almeno una buona parte di essa»[9] ma, contemporaneamente, decise di rivolgersi ai carabinieri, sperando in un «interessamento dell'Arma perché si fossero potuti sorprendere ed arrestare i malintenzionati»: il canonico e suo fratello Vincenzo. Il brigadiere Casavola non si mostrò d'accordo sul piano d'azione. Così Brunatto decise di agire da solo. La mattina del 5 gennaio 1926, previo appuntamento, incontrò don Giovanni e gli consegnò tremila lire in contanti. Il sacerdote le prese e firmò persino «una quietanza, nella quale lo stesso dichiarava di riceversi da Forgione Michele la somma suddetta, impegnandosi a non dar corso ad una pubblicazione in danno dell'onore di persona di sua famiglia». «Nella sera dello stesso giorno», l'intermediario «si presentò al Sotto Ufficiale cui, esibendo una ricevuta di L. 3000 a firma del canonico Miscio Giovanni, denunciò costui quale autore della detta estorsione in mancanza del germano Miscio Vincenzo»[10]. Il brigadiere, «uditi gli altri testi» e «raccolte le prove necessarie per agire», si recò a casa del sacerdote, trovò e sequestrò il manoscritto e ne arrestò l'autore[11].

Cinque giorni dopo tutto il paese fu informato dell'accaduto da *La Gazzetta di Puglia* e da *Il Giornale d'Italia*.

Quest'ultimo quotidiano specificava anche che Padre Pio «era rimasto perfettamente ignaro della faccenda, quando venne a sapere ebbe un breve e tremendo colpo e quasi cadde in deliquio»[12]. Cercò in tutti i modi di convincere Brunatto e il fratello Michele a ritirare la querela, senza riuscire a farli desistere dal loro proposito.

Il processo terminò «la sera del 2 dicembre» 1926, a tarda ora. Il Tribunale, avendo riscontrato «che le mendaci affermazioni di essere la pubblicazione già decisa e contrattata con una immaginaria casa editrice e di occorrere per il recesso lire 5.000 per pagare la penale», in realtà avevano lo scopo di dar «vita a quei raggiri atti ad ingannare l'altrui buona fede» e ritenendo che l'obiettivo del canonico era «di ricavare dalla cosa qualche profitto, forse a ciò spinto dalla mania di ricchezza e di prodigalità del convento», dichiarò «Miscio Giovanni colpevole di truffa alla pena di mesi tre di reclusione, alla multa di lire 1.000, ai danni liquidati in lire 1, giusta le richieste della parte civile, e alle spese processuali con sospensione della sentenza o condanna per cinque anni, modificando la rubrica del reato in truffa. Assolveva l'altro imputato Vincenzo Miscio, fratello del canonico, per insufficienza di prove. Avverso la sentenza pronunziata, la difesa dei fratelli Miscio ha prodotto appello. Anche il P.M., cavalier Cuccurullo, si è appellato, ritenendo egli trattarsi di estorsione e non di truffa»[13]. La sera precedente l'inizio del processo di secondo grado «l'avvocato del fratello di P. Pio contro Miscio – l'On.le Caprile – venne a S. Giovanni Rotondo, da Padre Pio, che lo tenne in cella circa un'ora.

Nell'andar via, l'avvocato s'inginocchiò in mezzo alla porta, per baciargli la mano, essere benedetto e salutarlo. Padre Pio, risoluto, gli prende le mani e le stringe fra le sue, e dice: "Dunque mi prometti che non farai condannare D. Giovanni?". L'avvocato risponde: "Ma, padre, come faccio ad agire contro il mio cliente (fratello di Padre Pio)? Verrei meno al mio dovere". E Padre Pio: "Ho detto e ti comando di non far condannare il sacerdote". E, tra il sì ed il no, dopo tanto, l'avvocato risponde: "P. Pio, giacché lo volete, farò di tutto per attenuare le cose e salvare il sacerdote". Allora Padre Pio gli disse che poteva andare, e lo accompagnò fino alla scalinata. Lì gli fece ripetere la promessa e poi lo congedò»[14].

Nonostante l'impegno dell'avvocato Caprile, «la Corte d'Appello di Bari accoglie il ricorso del Pubblico Ministero e trasforma la condanna in venti mesi di reclusione. La Suprema Corte di Cassazione respinge poi un estremo appello dell'imputato, mentre il Ministero di Grazia e Giustizia, per la odiosità del reato, non dà corso a una domanda di grazia sovrana avanzata dallo stesso Canonico Miscio»[15].

In seguito alla condanna, il sacerdote perse «il posto da insegnante elementare» e, ancora una volta, Padre Pio intervenne in suo favore, scrivendo «un esposto a S. Maestà il Re Vittorio Emanuele III, perché venisse reintegrato nell'insegnamento, e l'ottenne. Il Miscio ne fu riconoscentissimo, ringraziò Padre Pio, e ogni tanto veniva a fargli visita anche nella tarda età, nonostante i suoi acciacchi»[16].

2. Monsignor Pasquale Gagliardi

Monsignor Pasquale Gagliardi[17] è stato definito «il nemico giurato di P. Pio che "presiederà" alla campagna diffamatoria contro il Cappuccino dagli anni Venti agli anni Trenta del Novecento»[18]. I suoi pregiudizi suscitarono una correzione da parte di Benedetto XV.

Già sotto il pontificato di papa Della Chiesa, infatti, Padre Pio cominciò a diventare oggetto di calunnie e attacchi. Il primo fu una relazione scritta il 19 aprile 1919 a monsignor Carlo Perosi, assessore del Sant'Uffizio da padre Agostino Gemelli appena rientrato da San Giovanni Rotondo dove gli era stato negato di vedere le stimmate del Cappuccino. Nel documento, pur ammettendo che «Padre Pio è uomo veramente di elevata vita religiosa, uomo esemplare», il frate-medico, dopo aver descritto le stimmate delle mani, come se le avesse viste, nonostante la precisazione in premessa di non aver compiuto «alcun esame dal punto di vista medico», attestava: «Al sottoscritto sembra che si tratti di un caso di suggestione inconsciamente prodotto dal padre Benedetto in un soggetto malato come è il Padre Pio e che ha condotto a quelle caratteristiche manifestazioni di psittacismo che sono proprie della struttura isterica»[19]. Il secondo attacco fu la deposizione di due farmacisti di Foggia, il dottor Valentini-Vista e sua cugina Maria De Vito, alla quale il Cappuccino aveva chiesto due sostanze caustiche: l'acido fenico e la veratrina. Sospettando che potesse usarli per procurarsi le ormai famose piaghe, i due farmacisti esposero il loro dubbio al vescovo di Foggia, monsignor Salvatore Bella, il quale fece mettere ad entrambi il loro racconto nero su bianco e lo inviò il 24 luglio 1920 al Sant'Uffizio[20].

Subito dopo l'arrivo della relazione di Gemelli, il 29 maggio 1920, fu mandato a San Giovanni Rotondo un uomo di fiducia del papa e del cardinale segretario di Stato Pietro Gasparri, monsignor Bonaventura Cerretti, segretario per gli affari straordinari della Segreteria di Stato, nonché consultore della Suprema Congregazione[21]. Il prelato si presentò in convento con una «lettera del Santo Offizio»[22]. Il 12 luglio 1920 arrivò un altro collaboratore del segretario di Stato, il passionista padre Luigi Besi, che è stato tra l'altro postulatore di Gemma Galgani, accompagnato dal medico personale del papa[23]. Evidentemente entrambe le visite[24] ebbero esito favorevole nei confronti del Cappuccino, visto che il papa in persona redarguì l'arcivescovo di Manfredonia, monsignor Pasquale Gagliardi, che si manifestava molto scettico nei confronti di Padre Pio, spiegandogli: «È bene l'andar cauti, ma è male mostrarsi tanto increduli»[25].

La benevolenza di Benedetto XV non impedì al Sant'Uffizio di adoperarsi per fare chiarezza sul caso, inviando a San Giovanni Rotondo un Visitatore Apostolico, con il compito di svolgere «un'accurata inchiesta»[26]. Fu il Santo Padre a scegliere il prelato a cui affidare il delicato compito: il carmelitano scalzo monsignor Carlo Raffaello Rossi, all'epoca vescovo di Volterra[27], che giunse a destinazione prevenuto nei confronti del Cappuccino[28]. Alla fine, però, ne restò edificato. Infatti, a conclusione della sua inchiesta, scrisse alla Suprema Congregazione che: «P. Pio è un buon religioso; che delle "grazie" impetrate, come dicesi, per le di lui preghiere, molte non sussistono, molte si affermano soltanto, ma mancano di prova giuridica; che quello di straordinario che avviene nella persona di P. Pio non si può dir come avvenga, ma non avviene certamente né per intervento diabolico, né per inganno o frode»[29].

Ciò nonostante, appena tre mesi dopo l'elezione del nuovo papa, Pio XI, il 10 maggio 1922, «gli Inquisitori Generali del Santo Officio» decisero «di scrivere una lettera al ministro generale dei Cappuccini», disponendo che Padre Pio «non celebri la messa ad ora fissa ma a qualunque ora, a preferenza summu mane e in privato; [...] che per nessun motivo egli mostri le cosiddette stimmate, né parli o le faccia baciare»; che gli sia assegnato «un altro direttore spirituale diverso da padre Benedetto da San Marco in Lamis, col quale ultimo egli interromperà ogni comunicazione anche epistolare». Nel documento, inoltre, si evidenziava la necessità che il frate stigmatizzato «fosse allontanato da San Giovanni Rotondo e collocato in un altro luogo». Infine si doveva fare in modo «che da parte di Padre Pio o di altri per lui non si risponda più a quelle lettere che gli vengono indirizzate da persone devote per consigli, o per altri motivi»[30]. È troppo facile ipotizzare che sul giudizio dei cardinali, sia pesata più la relazione di Gemelli, amico del nuovo papa, che le conclusioni del "voto" di monsignor Rossi. In realtà i porporati non fecero altro che condividere e approvare le proposte che i sette consultori avevano espresso nel loro "voto" il primo maggio 1922[31].

La considerazione di Pio XI all'inizio del pontificato, comunque, non era certo la stessa che aveva il suo predecessore, visto che «il 3 luglio 1922, in privata udienza [...] ordinò a mons. Gagliardi, arcivescovo di Manfredonia, di non andare a San Giovanni Rotondo "per prudenza"»[32].

A complicare le cose fu una lettera del 12 luglio 1922 dello stesso monsignor Gagliardi alla Suprema Congregazione in cui asseriva che «due volte recentemente i padri Cappuccini del convento di S. Giovanni Rotondo litigarono e si percossero a sangue con armi bianche e da fuoco, restandone feriti alcuni», per «la ripartizione delle ingenti somme accumulate dal P. Pio»[33]. A questa, l'arcivescovo di Manfredonia aggiungeva anche accuse di immoralità nei confronti dei frati. La Santa Sede chiese chiarimenti al Ministro Generale dei Cappuccini che, nello stesso mese, inviò sul posto padre Celestino da Desio, «per un'accurata visita canonica», dalla quale risultò che i «padri sono puramente vittime dell'invidia di alcuni malintenzionati, i quali vedono di mal occhio il molto bene che compiono quei religiosi, e per paralizzarlo si divertono ad inventare cose totalmente false». E, per appurare la verità, gli bastò un breve colloquio con il «Maresciallo dei RR. Carabinieri» che attestò: «Io non sono stato punto al convento, né per accertarmi, né per comporre il litigio di cui è questione. Ho avuto bensì sentore della notizia che si spargeva in paese, ma non vi ho data importanza alcuna. Dirò di più: conoscendo per bene i padri del convento, mi son detto subito: Questa è una pura invenzione»[34]. A questo punto una nuova richiesta di chiarimenti fu inviata a monsignor

Gagliardi, che spiegò di aver raccolto le accuse sui frati dal canonico Domenico Palladino, a cui si era affrettato a chiedere «dilucidazioni dei fatti». Dalla relazione del sacerdote informatore, allegata alla lettera del pastore diocesano, si scoprì che neanche lui è stato testimone diretto della "battaglia in convento", ma ne aveva sentito parlare da «alcuni contadini» che gli avevano riferito di «tutto il chiasso, le grida dei monaci e dei monacelli che facevano in giardino, il luccicare di qualche arma da fuoco, la comparsa di P. Pio a sedare la lite, l'andata del Maresciallo alla volta del convento»[35]. In pratica una diceria era diventata oggetto di denuncia al Sant'Uffizio firmata dall'arcivescovo.

Nuove lettere con altre accuse continuarono ad essere spedite in Vaticano da Manfredonia. Così fu necessario un nuovo esame della situazione affidato, sulla base dei documenti pervenuti, al carmelitano padre Lorenzo di San Basilio, consultore della Suprema Congregazione. La sua relazione, stampata nel marzo 1923, evidenziava «il difficile clima, che si era instaurato, tra i frati del convento di S. Giovanni Rotondo e i parroci locali, tra i quali il più accanito è il canonico Palladino, sostenuto, in questo, dal vescovo Mons. Gagliardi»[36]. Segnalava poi la non corretta osservanza, seppur per «buona fede del P. Provinciale», del divieto del Sant'Uffizio a Padre Pio di rispondere alle lettere e soprattutto la completa inosservanza dell'indicazione di trasferirlo in un altro convento, insinuando il dubbio che l'interessato non abbia espresso chiaramente la sua disponibilità a eseguire l'ordine[37]. In realtà si era creato un movimento popolare pronto «a ricorrere a ogni mezzo anche estremo se si tentasse il trasloco»[38] del Cappuccino stigmatizzato.

Agli occhi del consultore, dunque, «la situazione in S. Giovanni Rotondo è divenuta così critica da richiedere urgenti ed energici provvedimenti»[39].

E i provvedimenti più energici non tardarono ad arrivare: il 31 maggio 1923 «la Suprema Congregazione del Santo Ufficio preposta alla tutela della fede dei costumi, svolta una inchiesta sui fatti che si attribuiscono a P. Pio da Pietrelcina [...] dichiara che dalla predetta inchiesta non consta della soprannaturalità dei medesimi fatti ed esorta i fedeli a conformarsi a questa dichiarazione nel loro agire»[40]. Inoltre furono trasmesse alcune disposizioni ai Cappuccini, tra cui l'obbligo di far celebrare il frate di Pietrelcina «nella cappella interna del convento non permettendo a persona di assistervi» e il divieto di rispondere «né per sé, né per altri, a quelle lettere che gli vengono indirizzate da persone devote per consigli, per grazie o per altri motivi»[41]. Il 25 giugno Padre Pio celebrò per la prima volta in privato. Ma restò l'unica, perché «una folla di circa 3.000 persone, preceduta dalla banda, le autorità del paese e le associazioni con i propri stendardi» si recò il giorno stesso «al convento per protestare e minacciare per ottenere la revoca, e subito, dell'ordine»[42]. Il guardiano della fraternità fu costretto a sospendere l'attuazione del provvedimento.

Il 30 luglio fu deciso il trasferimento di Padre Pio ad Ancona. Anche questa volta, però, non se ne fece nulla per le «minacce fasciste»: «Crocifiggeremo Padre Pio e padre guardiano!»[43].

Sollecitato dalla Suprema Congregazione a risolvere il problema, il Ministro Generale dell'Ordine si rivolse al generale De Bono, direttore generale di Pubblica Sicurezza, che inviò sul posto il funzionario Carmelo Camilleri. Camilleri capì subito la situazione e riferì che, per allontanare il Cappuccino da San Giovanni Rotondo, «sarebbe necessaria una azione di forza con sicuro spargimento di sangue».

Il 15 maggio 1924 si recò in Episcopio a Manfredonia il commissario della Provincia religiosa di Sant'Angelo-Foggia dei Frati Minori Cappuccini, padre Bernardo d'Alpicella, al quale monsignor Gagliardi disse: «Giuro sul mio sacerdozio di aver visto coi miei occhi Padre Pio incipriarsi nella sua stanza, quando fui a San Giovanni Rotondo per la santa visita. Il padre rimase male nell'essere colto in flagrante, tanto che poi si vergognò di presentarsi il dopo pranzo a ricreazione»[44]. In proposito, padre Ignazio da Ielsi, sul suo diario, ha annotato: «Dell'aver sorpreso il Padre Pio è una vera calunnia. Il monsignore giunse in convento dopo le ore 8 di mattino, quando il Padre Pio era già in confessionale. Vide il Padre Pio poco prima delle ore 10, quando cioè il padre sbrigato dalle confessioni andò a trovarlo nella stanza dove monsignore si tratteneva con il Molto Reverendo padre Agostino da San Marco. Lì il Padre Pio baciò la mano a monsignore ed il monsignore alzato il guanto baciò la piaga della mano del Padre Pio. Questi andò subito a dire la santa messa e non fu più visto da Monsignore che verso le ore 3 pomeridiane, quando se ne andò in paese»[45].

Il 24 luglio 1924 il Sant'Uffizio si espresse in maniera inequivocabile: «Raccolte ora, da ancor più numerose e sicure fonti, altre informazioni, la medesima Suprema Sacra Congregazione ritiene suo dovere esortare i fedeli con parole ancora più gravi, affinché essi si astengano assolutamente dal visitarlo e dall'intrattenere con lui qualsiasi rapporto anche epistolare, per motivo di devozione»[46].

L'anno seguente la Provincia religiosa fu commissariata. A San Giovanni Rotondo, intanto, c'era chi pensava di combattere i nemici del frate con le stesse armi e si attivò «per raccogliere documenti e testimonianze per provare la verità dei fenomeni relativi a Padre Pio ed anche per rivelare la corruzione dei personaggi che denigravano e accusavano Padre Pio». A fine giugno del 1925 Emanuele Brunatto partì per Roma con «due voluminosi incartamenti» e incontrò don Luigi Orione, il quale gli consigliò «di farne copie da consegnare a ciascun cardinale membro del Sant'Offizio»[47]. Così fece. L'iniziativa, però, non sortì alcun effetto. A questo punto Brunatto tradusse quei documenti in un libro che pubblicò nel 1926, con lo pseudonimo di Giuseppe De Rossi, e che fu subito messo all'indice.

Questa volta l'effetto ci fu. Nel 1927 la Santa Sede inviò una visita apostolica con il compito di indagare su ciò che accadeva nell'Arcidiocesi. Il visitatore, monsignor Felice Bevilacqua, scelse come collaboratore proprio Brunatto. Bevilacqua, però, non portò a termine il compito, perché fu richiamato a Roma con l'incarico di una nuova inchiesta «negli ambienti della Casa Pontificia»[48]. Anche in questo caso si avvalse dell'aiuto di Brunatto. A Manfredonia, invece, completò il lavoro monsignor Giuseppe Bruno. Le sue conclusioni, accolte «dagli eminentissimi cardinali della Congregazione in data 23 maggio 1929»[49], indussero il cardinal Carlo Perosi a invitare monsignor Gagliardi a dimettersi. La lettera di rinuncia all'incarico fu firmata il primo ottobre[50]. Ormai prossimo al settantesimo anno di età, l'arcivescovo se ne tornò nel suo paese di origine, a Tricarico, in provincia di Matera, da dove «spesso scrisse al convento dei Cappuccini di San Giovanni Rotondo, chiedendo intenzioni di sante Messe con relativa offerta. Gli furono sempre passate» e «il più favorevole a quell'opera di carità era proprio lui»: Padre Pio. Inoltre, quando padre Raffaele da Sant'Elia a Pianisi gli comunicò la notizia della morte di monsignor Gagliardi, avvenuta l'11 novembre 1941, il Cappuccino stigmatizzato disse: «Domani celebrerò la messa in suo suffragio»[51].

3. Monsignor Carlo Maccari

Alla fine degli anni Cinquanta a San Giovanni Rotondo si era creato un "muro contro muro" fra un gruppo di laici legati a Casa Sollievo della Sofferenza e alcuni frati. Oggetto della contesa fra le due fazioni erano l'affetto di Padre Pio e anche la destinazione delle offerte "libere", cioè di quelle inviate a Padre Pio senza specificarne la destinazione.

La questione finì all'attenzione del Sant'Uffizio. Il cardinal Ottaviani, segretario della Suprema Congregazione, diede «mandato al rev.mo padre Bonaventura da Pavullo, definitore generale dei Cappuccini dell'area italiana, di recarsi a San Giovanni Rotondo per una indagine e poi riferire»[52]. Ne scaturì una relazione in cui Padre Pio veniva definito «retto, semplice, delicato», intento a svolgere un «gravoso e prezioso lavoro spirituale», ma si metteva anche in evidenza «un'indebita implacabile ingerenza da parte dei borghesi nelle cose del convento, in ciò che riguarda anche la vita privata di Padre Pio» che, dal canto suo, «portato a pensar bene, non può supporre che si ecceda, perciò sopporta e difende, all'occasione, quelli che per lui sono soltanto figli affezionati e fedeli collaboratori». A rafforzare questa tesi furono anche il resoconto inviato spontaneamente alla Santa Sede da Angelo Battisti che, oltre ad essere amministratore di Casa Sollievo della Sofferenza, era anche impiegato della Segreteria di Stato e quello dell'arcivescovo di Manfredonia, monsignor Andrea Cesarano, che poneva una serie di quesiti: «A chi, a quali persone arriva questo denaro? E a quale scopo arriva? Dove è andato a finire? Come è stato speso? Come viene impiegato?»[53]. C'erano, dunque, sufficienti motivi per esigere maggiore chiarezza.

Ma il Sant'Uffizio, durante il pontificato di Giovanni XXIII, continuò a seguire la linea della discrezione. Nella Plenaria del 12 marzo 1960, si decise di inviare nel paese garganico monsignor Mario Crovini, sostituto della Sezione della Censura dei Libri presso il Dicastero e amico di Battisti, per una visita «segreta [...] camuffata sotto il pretesto di analisi cliniche»[54], per «parlare con P. Pio e sentire da lui circa gli inconvenienti e i relativi rimedi [...] senza fare interrogatori, indagini o inquisizioni»[55].

Ma, prima che monsignor Crovini iniziasse la sua missione, il 14 aprile, il ministro generale dei Cappuccini, padre Clemente da Milwaukee, aveva scritto una lettera al papa per chiedere «d'inviare a S. Giovanni Rotondo, al più presto, una Visita Apostolica» allo scopo di «evitare che si verifichi qualche grosso scandalo, di carattere religioso e finanziario» a causa di «una pericolosa situazione che si va delineando a S. Giovanni Rotondo attorno alla veneranda persona di P. Pio e, purtroppo, spesso in suo nome»[56]. Padre Clemente specificò meglio «gli inconvenienti più gravi che si stanno verificando, specialmente attorno all'Opera Ospedaliera nella "Casa Sollievo della Sofferenza"»[57] in un allegato: «Il Consiglio d'amministrazione non si è quasi mai radunato e tutto si decide arbitrariamente da qualche elemento che approfitta della fiducia di P. Pio, il quale materialmente è impossibilitato ad occuparsi di questa parte finanziaria e tecnica dell'Opera sua. Questi laici ricevono, aprono, rispondono alla corrispondenza, anche personale, del P. Pio, la quale contiene spesso casi delicati di coscienza; ritirano le offerte né si sa a chi rendano debito conto dettagliato [...]. L'intromettenza, l'arbitrio e l'indipendenza dei laici – anche per questioni spirituali come per esempio, i gruppi di preghiera – arriva al punto di premere sulle autorità civili ed ecclesiastiche, locali e romane, contro chiunque tenta regolare il loro modo di agire, per metterlo a tacere o farlo allontanare da S. Giovanni Rotondo. Essi si stanno adoperando – come vanno dicendo – per far uscire il P. Pio dal convento e ritirarselo nella "Casa Sollievo della Sofferenza"»[58]. Il documento si concludeva con parole molto pesanti: «Si è creato da essi laici un ambiente di pseudo misticismo e talvolta evidente fanatismo, molto spesso unito a un reale affarismo anche se abilmente schermato»[59].

Giovanni XXIII, il 30 aprile, concesse udienza al Ministro Generale, che si recò dal pontefice accompagnato da padre Bonaventura. Il Santo Padre li «accolse nel suo studio privato con paterna bontà e familiarità» e, dopo averli ascoltati, rivelò «di avere una grande stima del Padre Pio, anche se non l'aveva mai visto, e che non si meravigliava che ci fossero degli inconvenienti e dei profittatori attorno a lui e alla sua opera. Ciò succede sempre: ove si fa del bene anche il nemico si augura bene, non sta inoperoso. Sua Santità promise di inviare un visitatore e il padre generale ebbe la delicatezza di aggiungere: "Padre Santo, desidereremmo che il visitatore non fosse dell'Ordine nostro, per tenere lontano ogni sospetto di parzialità". Il papa sorrise e: "Sta bene", disse. "È giusto che sia così"»[60].

Alla stessa conclusione giunsero, il primo giugno, anche i cardinali della Suprema Congregazione dopo aver esaminato la relazione scritta da monsignor Crovini al termine della sua missione, svoltasi tra il 18 e il 28 aprile, e decisero di porre la questione «nelle mani della Segreteria di Stato che vedrà di mettere un Delegato (o Visitatore) Apostolico, con l'incarico di vigilare sull'andamento generale e specialmente ricevere, smistare, controllare la corrispondenza e le offerte»[61]. Nella successiva riunione dell'8 giugno nominarono «Visitatore Apostolico Mons. Bontempi, allora

Rettore del Collegio Nepomuceno. Però il 28 successivo Mons. Bontempi rinunciò all'incarico»[62].

Nel frattempo erano giunte al Sant'Uffizio le bobine magnetiche di alcune "intercettazioni" ambientali, effettuate da due frati del convento di San Giovanni Rotondo[63] e da monsignor Umberto Terenzi, rettore e parroco del santuario romano del Divino Amore, devoto frequentatore del convento di San Giovanni Rotondo[64], nelle quali gli autori delle registrazioni ravvisarono di aver sentito lo schiocco di un bacio durante un colloquio tra Padre Pio e una sua figlia spirituale[65].

A questo punto la Suprema Congregazione ruppe ogni indugio e, su proposta del segretario di Stato, cardinale Domenico Tardini[66], il 13 luglio 1960 «Mons. Carlo Maccari, Segretario del Vicariato[67], fu nominato Visitatore Apostolico»; Giovanni XXIII, la sera del 19 luglio, volle incontrare nei giardini vaticani l'incaricato per dirgli: «La "plenaria" del Santo Uffizio l'ha scelta all'unanimità per un compito arduo e delicato: scelta da me approvata e benedetta, perché nutro viva fiducia che s'impegnerà nel grave incarico affidatole con responsabilità, spirito di fede e servizio alla verità. È un incarico ecclesiale, che non ha cercato lei: dunque, grande serenità e abbandono alla grazia del Signore!». Esortò il Visitatore a «non staccarsi dalla buona regola: *omnia videre, in charitate corrigere*»[68]. Poi continuò «soffermandosi sull'oggetto della visita con riferimenti precisi a persone, situazioni, tensioni»[69], spiegando che l'obiettivo della missione era di «liberare – con l'assenso dei legittimi Superiori – l'azione sacerdotale di

Padre Pio da pressioni, passioni, abusi, e renderla così più tranquilla e fruttuosa»[70]. Non mancò di esprimere il suo pensiero sul Cappuccino: «Che pensare [...] di questo religioso, il quale certamente farà del bene, non riuscendo però a dissipare ombre e dubbi intorno alla sua asserita santità? In questi ultimi tempi le ombre sono cresciute e i dubbi sono diventati più gravi»[71]. Il papa, infine, chiese «di essere dettagliatamente informato» sulla visita e sulle «sue difficoltà», raccomandando a monsignor Maccari di «procedere con gradualità e pazienza, con franchezza e cordialità, verso tutti ma in particolare verso Padre Pio»[72].

Solo alcuni mesi dopo il Santo Padre si sarebbe reso conto del carattere «assoluto e personale», «singolare e prepotente» di colui che era stato prescelto per questa delicata missione[73], anche se alcune «lamentele per la sua durezza e pignoleria nel trattare con i preti in Vicariato» gli erano giunte «ancora prima di questa nomina»[74]. Ma queste voci non reggevano il confronto con l'autorevole parere dei più stretti collaboratori del papa. Monsignor Loris Francesco Capovilla, suo segretario particolare, conobbe Maccari «quand'era segretario del Vicariato dell'Urbe, attivo coordinatore dei lavori del Primo Sinodo Romano indetto da Giovanni XXIII» e nutrì «subito nei suoi confronti sentimenti di stima per la sua pietà sacerdotale, la sua cultura, il suo portamento signorile, la sua laboriosità. Prima di entrare negli Uffici del Vicariato era stato ottimo parroco di periferia e animatore di azione cattolica ed assistenziale. Negli anni sessanta godeva la fiducia dei più alti collaboratori del papa, i quali guardavano a lui come a un "uomo di Dio completo e ben preparato per ogni opera buona": severo con se stesso e con gli altri, inflessibile custode dell'ortodossia, assertore convinto di ecclesiastica disciplina»[75].

La missione di monsignor Maccari non partì certamente con il piede giusto. Lo ha testimoniato il ministro provinciale in carica all'epoca, padre Amedeo Fabrocini:

> «La notte del 29 luglio 1960 padre Bonaventura da Pavullo, Definitore Generale, mi telefonò a Foggia, dicendomi di prendere il treno di mezzanotte e recarmi a Caserta, dove avrei trovato lui ad attendermi.
>
> In un brevissimo colloquio, meno di un quarto d'ora, alla stazione di Caserta, il padre Bonaventura mi disse: "Arriva a Foggia, nelle prime ore del mattino, un Visitatore Apostolico. Accoglietelo con molta deferenza. Collaborate con tutto ciò che vi chiede. Fate qualche spettacolo ed organizzate qualche manifestazione in suo onore. Invitatelo qualche volta a pranzo". Sempre a Caserta, nel breve colloquio con me, il padre Bonaventura da Pavullo mi disse che se il Visitatore Apostolico avesse accennato ai registratori installati nella stanzetta n. 5 di Padre Pio e nella foresteria a pianterreno, dove Padre Pio e gli altri religiosi si recavano a colloquio con i fedeli, dei due installati, ne venisse tolto uno, lasciando in funzione l'altro (non ricordo bene se padre Bonaventura mi disse di staccare quello installato nella cella n. 5 o quello della foresteria). Finito il breve colloquio, ripresi subito il treno per Foggia, che però arrivò a destinazione dopo quello di mons. Carlo Maccari. Per cui non fui presente all'arrivo

del predetto monsignore a Foggia (convento Immacolata) per poterlo ricevere ed ossequiare.

Inoltre c'è da tener presente che la comunicazione ufficiale del Padre Generale a me diretta è datata 1 agosto 1960, cioè alcuni giorni dopo l'arrivo di mons. Carlo Maccari.

Verso le nove del 30 luglio mons. Carlo Maccari, che non aspettò il mio arrivo, raggiunse Manfredonia, in visita all'arcivescovo Andrea Cesarano. Dopo poche ore, dalla curia arcivescovile mi telefonò annunziandomi che egli era già arrivato, e con voce stizzosa mi rimproverò che non mi ero fatto trovare nel convento dell'Immacolata.

Risposi che non ero stato informato per tempo del suo arrivo e che mi trovavo fuori sede.

Mons. Maccari replicò: "Ma come? Padre Bonaventura non le ha spedito una lettera?". Ed io: "Non ho ricevuto nulla" (difatti non avevo ricevuto nessuna lettera).

Mons. Carlo Maccari: "Ad ogni modo si faccia trovare oggi (30 luglio 1960) alle ore 15 al convento di San Giovanni Rotondo".

Puntuale all'appuntamento, incaricai un religioso di stare attento alla porta del convento con l'incarico di avvisarmi tempestivamente appena avesse veduto un prete sul piazzale, perché mi sarei premurato di riceverlo all'ingresso del convento. Invece il religioso, distratto da un imprevisto, non si accorse dell'arrivo del Visitatore apostolico e non lo vide sul piazzale del convento»[76].

Monsignor Maccari non la prese affatto bene. «Allorché, verso le 18, il Visitatore scese davanti al nuovo tempio di

Santa Maria delle Grazie», attestò nella sua relazione, «fu accolto dal Comm. Angelo Battisti, che in mattinata era già venuto a Manfredonia per fare atto di ossequio: né il Provinciale – che pure era stato avvertito telefonicamente – né il Superiore del convento, né alcun altro Padre era presente. Introdotto nella clausura dal religioso di servizio alla porta, dovetti aspettare una decina di minuti entro una saletta, prima che il Provinciale si facesse vedere»[77].

Il resto del racconto è ancora tratto dai ricordi di padre Amedeo:

> «Appena avvisato fui sollecitato a recarmi ad ossequiare il Visitatore Apostolico, scusandomi del contrattempo.
>
> Lo trovai accigliato.
>
> Chiesi se avesse disposizioni da impartire.
>
> E monsignore: "Riunisca la comunità".
>
> Ed io: "Compreso Padre Pio?".
>
> Monsignore: "Compreso Padre Pio".
>
> Riunita la comunità a refettorio, monsignore mi domandò se avessi voluto parlare.
>
> Declinai l'invito, non sapendo il motivo specifico della presenza di monsignore.
>
> Allora egli prese la parola e, con tono quasi paterno, disse che era venuto come Visitatore Apostolico, inoltre esortò tutti alla tranquillità, affermando che avrebbero trovato in lui comprensione.
>
> Saputo lo scopo della sua presenza, presi anch'io la parola e promisi docilità e collaborazione piena, in ossequio alla suprema autorità ed alla persona del Visitatore.

Sciolta la breve seduta, mons. Maccari, privatamente, con voce stizzosa, mi rimproverò perché avevo dato l'incarico di attenderlo alla porta del convento ad un religioso, invece di attenderlo personalmente.

Ed aggiunse, riferendosi a ciò che era avvenuto poco prima in refettorio: "E si ricordi che l'ultimo a parlare sono io e non lei"»[78].

La visita apostolica si svolse dal 30 luglio a fine settembre[79], con due interruzioni.

Monsignor Maccari ebbe l'impressione che il Cappuccino stigmatizzato avesse, nei suoi confronti, un «atteggiamento non solo chiuso, diffidente e freddo, ma [...] quasi ostile», che l'inviato del Sant'Uffizio ritenne di dover attribuire allo «stato d'animo del religioso, sofferente e sottoposto ad altre Visite del genere, per di più "sobillato" da persone vicine e lontane che – in buona fede o per un complesso di ragioni, non tutte nobili e disinteressate – sembravano fare del tutto per rendere "odioso" il mio incarico»[80]. A distanza di dodici anni, però, lo stesso Visitatore ha ammesso «che nell'atteggiamento del Padre può aver concorso un certo modo di procedere, da parte mia, forse troppo teso a scoprire la verità con un passo e uno stile, mi pare sempre generosamente scelti ma a volte può darsi eccessivamente "sinceri" e magari urtanti»[81]. Dunque non secondo le direttive ricevute da Giovanni XXIII.

Complessivamente monsignor Maccari interrogò Padre Pio otto volte. L'inquisito, più che a sé, pensava alle sue figlie spirituali, private di colpo della sua guida paterna: «Ma perché, povere creature, a loro dev'essere proibito quello che è concesso ad altre? Se il Signore me le ha affidate (espressione ripetuta più volte), non posso lasciarle così... In fondo che male hanno fatto? [...] Le ho viste nascere, si può dire, sono buone figliuole, il Signore me le ha affidate, sono anime costate sangue al Cuore di Gesù...»[82]. Ma il prelato venuto da Roma giudicò questa risposta come espressione di un «muro di resistenza» e, facendo ricorso all'autorità di chi lo aveva inviato a San Giovanni Rotondo, replicò: «Non si rende conto che, continuando a dar credito e fiducia a coloro che si dichiarano nemici del rappresentante del papa, Lei stesso è ritenuto complice e in certo senso ispiratore di questa lotta? Dovrò, dunque, concludere che Lei è ribelle alla Santa Sede?». «Ma per amore di Dio, monsignore!», fu la risposta. «Fossero anche mio padre e mia madre, se fanno così agiscono male... io li condanno...»[83].

L'approccio non certo sereno dell'inquisitore nei confronti dell'anziano Cappuccino fu solo uno dei punti critici della visita. Pur rendendosi conto che dall'ambiente di San Giovanni Rotondo scaturivano «voli di fantasia, voci raccolte e ingrandite, chiacchiere e pettegolezzi a non finire»[84], monsignor Maccari raccolse molte dichiarazioni che non poté o non ritenne opportuno verificare. Inoltre non ritenne opportuno interrogare né il Ministro Provinciale[85] in carica né il Guardiano che, nei sei anni precedenti, era stato il diretto superiore del "suo inquisito"[86]. Entrambi certamente avrebbero potuto dire qualche parola a discolpa di Padre Pio. Non fece deporre neppure il dott. Francesco Lotti, nonostante gli sia stato presentato come «decano dei medici di Casa Sollievo»[87], così come non chiamò il dott. Giuseppe Sala, medico curante del Cappuccino[88]. Anche loro erano estimatori di Padre Pio. Insomma «non furono chiamati tutti i testimoni utili per conoscere la verità: alcuni furono volutamente esclusi»[89]. Invece «in uno dei primi giorni della visita, Maccari invitò a cena» un sacerdote, «uno dei superstiti dei primi tempi ed appartenente al gruppo che tramavano ogni sorta di calunnie contro P. Pio... Ebbe così agio di rivangare tutto il marciume del passato. Prova ne è che la mattina dopo cominciarono ad andare dal visitatore tutte le persone più sospette e notorie che facevano parte del gruppo dei preti dei primi tempi [che si erano schierati] contro P. Pio»[90].

Date queste premesse, l'esito della visita fu scontato.

Il monsignore, terminato il suo compito, ripartì per Roma dove, evidentemente, riferì al papa notizie non certo positive sul Cappuccino di San Giovanni Rotondo. Giovanni XXIII, infatti, il 9 settembre, nella sua agenda, dopo aver annotato l'incontro con il Visitatore, commentava: «Purtroppo laggiù il p. p. [Padre Pio] si rivela come un *idolo di stoppa. Parce Domine, parce populo tuo*»[91].

Non è stato possibile ricostruire le informazioni che fecero scaturire un così grave giudizio, ma è facile ipotizzare che monsignor Maccari abbia anticipato al pontefice i contenuti della sua relazione:

> «C'è oggi una vera industria, che vive e prospera con la propaganda della "santità" del "primo sacerdote stigmatizzato"»[92].

«Una propaganda abilissima o spregiudicata, che, basandosi sulla ignoranza religiosa dilagante in ogni ordine sociale, avrebbe saputo sfruttare il facile entusiasmo e la ingenua credulità per tutto ciò che sa di "prodigioso", ed avrebbe poi creato pian piano il mito del "taumaturgo santo", intoccabile, chiamato da Dio ad una "missione straordinaria e misteriosa", in tutta la Chiesa; si è arrivati così a "venerare" il "primo sacerdote stigmatizzato" della storia, come la più perfetta "reincarnazione del Cristo" e ad ammirarlo come "la più dolce, la più pura, la più umile delle creature umane"»[93].

«Una volta ammesse queste convinzioni [...] è inevitabile che sorgano e si diffondano, sotto il nome del celebre Cappuccino, concezioni religiose oscillanti tra la superstizione e la magia, il culto idolatrico della persona e certi atteggiamenti, che possono portare a deviazioni ereticali»[94].

«Tutta quest'atmosfera di falso soprannaturale... non è altro che il frutto di una colossale e capillare organizzazione in mano a pochissime figlie spirituali, a loro volta aiutate e sostenute ciecamente da altri uomini e donne. [...] Non risponde a verità dire che l'interessato principale sia completamente all'oscuro di una macchina che si fa sempre più mastodontica e che reca in tutto il mondo la fama della sua "santità" e dei suoi "miracoli"»[95].

Non potendo disconoscere che «la misericordia del Signore ha trionfato per tanti anni e trionfa ancora in tante anime attraverso il ministero di questo Cappuccino [...] e i frutti che ne derivano [...] si presentano con i caratteri di qualcosa di non comune per la loro estensione nel tempo e nello spazio», il Visitatore si è chiesto: «Se quest'uomo non vive internamente la vita di santità che la moltitudine dei suoi "devoti" gli attribuisce, perché l'amorevole providenza di Dio ha permesso tanto inganno ed ha concesso ad uno strumento così manchevole di poter compiere una così vasta e lunga opera di bene?»[96]. Ma è riuscito a trovare una spiegazione anche per questo. Il motivo per cui Padre Pio, «vissuto quasi sempre in convento e con una cultura piuttosto modesta, sia riuscito a condurre praticamente una "seconda vita", senza mai tradirsi, ingannando così schiere innumerevoli di fedeli, alcuni dei quali intelligenti e colti», è stato identificato in «quella, che potrebbe chiamarsi "duplice personalità" del religioso»[97].

Mentre la visita era in corso Giovanni Gigliozzi, giornalista di Radio Rai, divenuto figlio spirituale di Padre Pio, vedendolo piangere a causa degli effetti delle decisioni e dei comportamenti dell'inviato della Santa Sede, disse al Cappuccino inquisito: «Padre, lei sa che io conosco mons. Maccari. E vorrei saper dire qualche cosa che a lei fosse utile». Padre Pio rispose: «È inutile, figlio mio. Adesso monsignore è malato di cardinalite. Cardinale non lo sarà mai; ma io in paradiso lo voglio accanto a me»[98].

Il 22 ottobre 1996 monsignor Maccari, arcivescovo di Ancona-Osimo, rimase gravemente ferito in un incidente stradale vicino a Campocavallo di Osimo, mentre tornava ad Ancona in automobile. Rimase per sei mesi in ospedale prima di morire, il 17 aprile 1997. «Durante la sua lunga e dolorosa malattia» l'ex Visitatore Apostolico «di solito, dopo le Litanie Lauretane, invocava l'aiuto del frate stimmatizzato e riprendeva, paternamente, le suore che recitavano le preghiere con lui qualora si fossero dimenticate le richieste di aiuto a Padre Pio»[99]. La notizia è stata confermata anche «dal Cappuccino, padre Silvio Angeletti. Questi, essendo cappellano dell'Ospedale regionale di Ancona, testimonia che durante la sua malattia mons. Maccari chiedeva preghiere e invocava continuamente Padre Pio. Negli ultimi giorni della sua vita lo invocò con insistenza e anche a voce alta»[100]. Avvalorano questa versione, infine, le parole di monsignor Nicola Larivera, che è stato vicario generale per 14 anni della diocesi di Ancona guidata da monsignor Maccari: «Posso testimoniare che monsignor Maccari ha fatto anche di recente aperta professione di profonda venerazione verso Padre Pio»[101].

Monsignor Maccari non è diventato cardinale, ma il suo ravvedimento nei confronti di Padre Pio gli avrà permesso di essere accolto dal santo Cappuccino sulla soglia del paradiso.

4. Una figlia spirituale

Tra i «pettegolezzi»[102] raccolti da monsignor Carlo Maccari durante la sua visita apostolica, c'è stata la deposizione di una donna di San Giovanni Rotondo che, convenzionalmente, chiameremo Marta, sulla quale lo stesso Visitatore Apostolico notò e annotò «sentimenti di "invidia" e di "vendetta"» e «l'ombra di una comprensibile gelosia femminile»[103]. Ciò nonostante, nella sua relazione, il Visitatore scrisse:

> «Secondo [Marta], dal 1922 al 1930 circa, Padre Pio da Pietrelcina avrebbe avuto "rapporti intimi" completi e prolungati con lei, anche più volte alla settimana; tutto questo, però, sarebbe avvenuto senza "alcuna malizia" né da una parte né dall'altra»[104].

Quest'accusa ha reso credibile, agli occhi di monsignor Maccari, anche un'altra:

> «A sentir [Marta], i "rapporti intimi" di Padre Pio sarebbero proseguiti dopo il 1930, con Cleonice Morcaldi, la terza "prediletta"»[105].

Già l'evidente contraddizione tra «rapporti intimi completi e prolungati» e l'assenza di «malizia né da una parte né dall'altra» avrebbe dovuto rappresentare un chiaro indicatore dell'equilibrio psicologico dell'accusatrice che, evidentemente, era ossessionata dalla sua «gelosia femminile» ed era fermamente intenzionata a provocare uno scandalo. La signorina Marta, infatti, già nel 1940, aveva indotto un frate a credere che Padre Pio avesse avuto un incontro notturno in chiesa con Cleonice Morcaldi. Questo frate, a sua volta, fece sorgere lo stesso sospetto anche in un confratello. Anche questi due Cappuccini resero la loro deposizione a monsignor Maccari, aggravando la posizione di Padre Pio[106]. La stessa Marta, oltretutto, rivelò al visitatore «di aver accusato in confessione al P. Raffaele i suoi "rapporti" con Padre Pio, mettendolo inoltre al corrente delle "relazioni" che lo stesso Padre Pio intrecciava con la

Cleonice, e autorizzandolo a servirsene, se lo ritenesse opportuno, anche “in foro externo”»[107]. Infine aveva riferito i medesimi fatti anche a don Umberto Terenzi, che si fece ripetere il racconto una seconda volta, per poterlo registrare e per poi consegnare tutto al Sant’Uffizio[108].

Quello che doveva essere evidente già a monsignor Maccari fu provvidenzialmente spiegato dall’arcivescovo di Manfredonia dell’epoca, monsignor Andrea Cesarano, in un colloquio con il segretario della Suprema Congregazione, il cardinale Alfredo Ottaviani. «Quando l’Em.mo gli fece il nome della» donna che si era autoaccusata di aver avuto rapporti carnali con Padre Pio «l’arcivescovo esclamò subito: “Si tratta di un’esaltata, di un’isterica! Non merita fede”»[109]. Solo così furono evitati drastici provvedimenti nei confronti di Padre Pio[110].

Il frate calunniato fu informato di essere stato accusato da Marta. Glielo rivelò, in confessione, Nina Campanile, colei che era stata definita «la prima prediletta»[111], dopo essere stata interrogata al riguardo da monsignor Maccari. La penitente restò «sorpresa quando il Padre cercava di scusare [Marta]» e si lasciò scappare «una espressione risentita contro il venerato Padre», che la calmò spiegandole: «Figlia mia, se non calchiamo un po’ la mano, queste anime si perdono addirittura». Quelle parole fecero comprendere alla Campanile «l’enigma della direzione del venerato Padre: salvare le anime, salvare le anime, anche a costo di essere calunniato»[112].

Ma il perdono di Padre Pio fu pieno e andò oltre il suo «metodo pedagogico» e l’obiettivo di far crescere nella fede quella sua figlia spirituale. Lo ha attestato ancora Nina Campanile, raccontando ciò che accadde all'inizio di febbraio del 1965, quando Marta si ammalò e fu ricoverata in "Casa Sollievo della Sofferenza":

«Lei aveva ricevuto tutti i sacramenti, ma ha voluto confessarsi un'altra volta, nonostante che avesse fatto la Comunione la mattina presto da padre Innocenzo.

Dopo poco entrò in coma. Al suo capezzale non c'era nessuna delle sorelle: siccome cadeva molta neve, lei aveva detto loro di non muoversi. Morì. Ma il Padre l'ha sostenuta fino all'ultimo minuto.

Qualche giorno dopo la sua morte ho chiesto a Padre Pio: "Padre, [Marta] si è salvata?".

Mi ha risposto: "E be', che credi!? Un atto di amore perfetto cancella tutti i peccati"»[113].

Inoltre, quando i parenti della donna chiesero a Padre Pio di scrivere un pensiero per l'immaginetta-ricordo in occasione del trigesimo, la sua mano stigmatizzata scrisse su un foglio:

«La sua vita fu una continua aspirazione verso il cielo e la morte la trovò preparata all'incontro con Gesù. Ora dall'alto veglia su coloro che ha lasciati nel pianto sulla terra».

E firmò il bigliettino: «Padre Pio Cappuccino»[114].

Note al capitolo III

1. *Mt* 5,38-47.
2. «Regola bollata», capitolo I, *Fonti francescane*, 75.
3. Cfr. *Beatificationis et Canonizationis Servi Dei Pii a Pietrelcina. Positio super virtutibus*, Tipolitografia Signum, Bollate (MI) 1997, vol. III/1, p. 291.
4. «Motivazioni di appello presentate dal Sostituto Procuratore del Re Cav. Baldassarre Cuccurullo», in F. Chiocci, L. Cirri, *Padre Pio. Storia di una vittima*, I libri del NO, Roma 1967, vol. III, p. 167.
5. Cfr. F. Chiocci, L. Cirri, *Padre Pio. Storia di una vittima*, cit., vol. I, pp. 439 e s.
6. Nacque a Torino il 9 settembre 1882 e morì a Roma il 10 febbraio 1965. Si convertì dopo la visita fatta a Padre Pio nel 1920 e visse nel convento cappuccino fino al 1925; poi si trasferì a Pietrelcina. Con le sue pubblicazioni e con il suo comportamento creò non lievi difficoltà al Cappuccino stigmatizzato, ai suoi confratelli e alla Chiesa.
7. Cfr. *Positio super virtutibus*, cit., vol. III/1, p. 291.
8. F. Chiocci, L. Cirri, *Padre Pio. Storia di una vittima*, cit., vol. I, p. 440.
9. Cfr. *ivi*, p. 441.
10. Cfr. F. Chiocci, L. Cirri, *Padre Pio. Storia di una vittima*, cit., vol. III, pp. 164 e ss.
11. Cfr. *Positio super virtutibus*, cit., vol. III/1, p. 291.
12. Anonimo, «Un canonico arrestato per tentata estorsione ad un frate ritenuto santo», in *Il Giornale d'Italia*, 10 gennaio 1925, p. 6.
13. *Positio super virtutibus*, cit., vol. III/1, pp. 290-291.
14. «Testimonianza di padre Raffaele da S. Elia a Pianisi», in *Positio super virtutibus*, cit., vol. II, p. 1522.
15. F. Chiocci, L. Cirri, *Padre Pio. Storia di una vittima*, cit., vol. I, p. 443.
16. «Testimonianza di padre Raffaele da S. Elia a Pianisi», in *Positio super virtutibus*, cit., vol. II, p. 15.
17. Monsignor Pasquale Gagliardi nacque a Tricarico, in provincia di Matera, il 7 dicembre 1859, da Rocco e Isabella Mattiace. A 14 anni vestì l'abito ecclesiastico ed entrò in seminario per gli studi letterari. Fu ordinato sacerdote nel 1883. Fu arcivescovo di Manfredonia dal 7 novembre 1897 al 1° ottobre 1929. Morì nella sua cittadina natale l'11 dicembre 1941.
18. Cfr. F. Castelli, *Padre Pio sotto inchiesta. L'«autobiografia segreta»*, Edizioni Ares, Milano 2008, p. 91.
19. G. Di Flumeri, *Il Beato Padre Pio da Pietrelcina*, Edizioni Padre Pio da Pietrelcina, San Giovanni Rotondo (FG) 2001, pp. 422 e ss.
20. Cfr. S. Gaeta, A. Tornielli, *Padre Pio L'ultimo sospetto*, Piemme, Casale Monferrato (AL) 2008, pp. 51 e ss.; cfr. anche «Voto del P. Lemius, Qualificatore del S. O.», redatto il 22 gennaio 1921 e stampato nel mese di marzo dello stesso anno, allegati II e III, in *Archivio della Congregazione per la Dottrina della Fede*.

21. Cfr. *Annuario Pontificio*, Tipografia Poliglotta Vaticana, Roma 1918, p. 358.

22. Cfr. *Positio super virtutibus*, vol. I/1, p. 408, n. 32.

23. Cfr. 2.4.

24. Non è facile stabilire se queste siano state vere e proprie visite apostoliche o incarichi non ufficiali. Castelli osserva che «di esse non c'è alcuna traccia nella documentazione custodita nell'Archivio della Congregazione per la Dottrina della Fede» (cfr. F. Castelli, *Padre Pio sotto inchiesta. L'«autobiografia segreta»*, cit., p. 93, nota 21). Ma non si può escludere – anzi, visto il ruolo dei personaggi coinvolti, è altamente probabile – che sia stato il papa in persona, che all'epoca era anche il primo responsabile del Sant'Uffizio, a inviare monsignor Cerretti e padre Besi a San Giovanni Rotondo. È, dunque, possibile che entrambi possano aver riferito verbalmente la loro impressione al Santo Padre o potrebbero aver consegnato le loro relazioni direttamente nelle sue mani. Questo spiegherebbe la mancanza di riscontri nell'archivio della Congregazione.

25. Cfr. *Positio super virtutibus*, cit., vol. I/1, p. 409.

26. «Voto del P. Lemius», cit., pp. 14 e ss.

27. Cfr. M. Crovini, «Relazione (pro secreta) del marzo 1976», ds, S.O. 255/19, doc. 1225, p. 2, in *Archivio della Congregazione per la Dottrina della Fede*.

28. Cfr. F. Castelli, *Padre Pio sotto inchiesta. L'«autobiografia segreta»*, cit., p. 148.

29. *Ivi*, p. 155.

30. G. Di Flumeri, *Il Beato Padre Pio da Pietrelcina*, cit., p. 33.

31. Cfr. «Relazione del P. Lorenzo di S. Basilio, Carmel. Scalzo, Consultore», redatta il 23 febbraio 1923 e stampata nel mese di marzo dello stesso anno, p. 3, in *Archivio della Congregazione per la Dottrina della Fede*.

32. *Positio super virtutibus*, cit., vol. I/1, 411, n. 46.

33. «Relazione del P. Lorenzo di S. Basilio», cit., p. 26.

34. *Ivi*, pp. 29-30.

35. *Ivi*, p. 38.

36. «Relazione del Padre Cristoforo Bove, OFM Conv, Relatore», ds, 19 dicembre 1996, p. 5, in *Archivio della Postulazione della Causa di Beatificazione e Canonizzazione di Padre Pio da Pietrelcina*, OFM Cap.; cfr. anche «Relazione del P. Lorenzo di S. Basilio, cit., pp. 4 e ss.

37. Cfr. «Relazione del P. Lorenzo di S. Basilio», pp. 9 e ss.

38. G. Saldutto, *Un tormentato settennio nella vita di Padre Pio da Pietrelcina*, Pontificia Universitas Gregoriana, Roma 1974, p. 151.

39. «Relazione del P. Lorenzo di S. Basilio», p. 4.

40. F. Spaccucci, *I cinque Papi di Padre Pio*, Laurenziana, Napoli 1968, p. 50. Il decreto del Sant'Uffizio fu pubblicato da *L'Osservatore Romano* il 5 luglio 1923 e poi ripreso da buona parte della stampa laica.

41. «Lettera di padre Melchiorre da Benisa a padre Pietro da Ischitella», Roma, 11 giugno 1923, in G. Saldutto, *Un tormentato settennio nella vita di Padre Pio da Pietrelcina*, cit., p. 165.

42. *Ivi*, p. 167.

43. G. Di Flumeri, *Il Beato Padre Pio*, cit., p. 36.

44. «Testimonianza di padre Agostino da San Marco in Lamis», in *Positio super virtutibus*, cit., vol. III/1, p. 362; cfr. anche I. da Ielsi, *Diario*, Marianna Iafelice (Ed.), Edizioni Padre Pio da Pietrelcina, San Giovanni Rotondo (FG) 2013, p. 220.

45. *Ibidem*. Con padre Ignazio, che è stato guardiano del convento di San Giovanni Rotondo dal 10 settembre 1922 al 25 agosto 1925, sull'infondatezza della calunnia concordano padre Paolino da Casacalenda (in *Le mie memorie intorno a Padre Pio*, Gerardo Di Flumeri (Ed.), Edizioni Padre Pio da Pietrelcina, San Giovanni Rotondo 1978, pp. 192-193), padre Agostino da San Marco in Lamis (nel suo *Diario*, Edizioni Padre Pio da Pietrelcina, San Giovanni Rotondo 2012, p. 285 e ss.), padre Lorenzo da San Marco in Lamis (cfr. *Positio super virtutibus*, cit., vol. III/1, p. 363) e padre Raffaele da Sant'Elia a Pianisi (cfr. G. Di Flumeri, *Il Beato Padre Pio*, cit., p. 414).

46. F. Spaccucci, *I cinque Papi di Padre Pio*, cit., p. 51.

47. F. Peloso, *Don Luigi Orione e Padre Pio da Pietrelcina*, Jaca Book, Milano 1998, p. 45.

48. *Ivi*, p. 56.

49. *Positio super virtutibus*, cit., vol. I/1, p. 128.

50. Cfr. G. Di Flumeri, *Il Beato Padre Pio*, cit., pp. 42 e ss.

51. *Ivi*, p. 414.

52. *Positio super virtutibus*, cit., vol. IV, sezione I, p. 65.

53. M. Crovini, *Relazione*, cit., allegato 10, p. 14.

54. *Positio super virtutibus*, cit., vol. IV, sezione I, p. 69.

55. M. Crovini, *Relazione*, cit., p. 16.

56. «Lettera del padre generale Clemente da Milwaukee al Santo Padre Giovanni XXIII», in *Positio super virtutibus*, cit., vol. IV, sezione I, p. 447. Fu padre Amedeo Fabrocini, ministro provinciale della Provincia dei Frati Minori Cappuccini di Foggia, a suggerire al Ministro Generale di chiedere una visita apostolica per fare luce su alcune «voci che a San Giovanni Rotondo accusavano i miei confratelli di indebite appropriazioni di somme destinate alla Casa Sollievo della Sofferenza [...] convinto [...] della innocenza dei miei confratelli [...] per sfatare ogni diceria e per offrire una prova oggettiva alle mie convinzioni» («Testimonianza di padre Amedeo Fabrocini», in *Positio super virtutibus*, cit., vol. II, p. 29).

57. «Lettera del padre generale Clemente da Milwaukee al Santo Padre Giovanni XXIII», in *Positio super virtutibus*, cit., vol. IV, sezione I, p. 447.

58. «Allegato alla lettera del padre generale Clemente da Milwaukee al Santo Padre Giovanni XXIII», in *ivi*, p. 448.

59. *Ibidem*.

60. G. Di Flumeri, A. da Ripabottoni, «La visita di mons. Maccari», in *Positio super virtutibus*, cit., vol. IV, sezione I, p. 99.

61. M. Crovini, «Relazione», cit., p. 17.

62. *Ibidem*. Evidentemente don Umberto Terenzi si riferiva a monsignor Bontempi e non (come è stato erroneamente interpretato) a monsignor Maccari quando, il 15 giugno 1960 a scrivere a padre Daniele da Roma: «Per le cose di Padre Pio ti posso assicurare che ormai è stato nominato il Visitatore che non è Mons. Ronca, ma un altro Mons. di Roma, mio condiscepolo al Seminario Romano, ottimo mio amico nonché persona rettissima e "guidabilissima"» (F. Chiocci, L. Cirri, *Padre Pio. Storia di una vittima*, cit., vol. III, p. 508). Infatti monsignor Maccari fu scelto il 13 luglio, dopo il rifiuto di monsignor Bontempi, espresso il 28 giugno (cfr. *infra*).

63. Padre Giustino Gaballo da Lecce e fr. Masseo Cannito da San Martino in Pensilis.

64. Cfr. A. da Ripabottoni, «Le registrazioni», in *Positio super virtutibus*, cit., vol. IV, sezione I, pp. 490 e ss.

65. Per ulteriori approfondimenti su questa vicenda si consiglia la lettura di: S. Campanella, *Obœdientia et Pax. La vera storia di una falsa persecuzione*, LEV – Edizioni Padre Pio da Pietrelcina, Roma – San Giovanni Rotondo (FG) 2011, pp. 111 e ss.

66. Cfr. «Pro-memoria di S. E. mons. Valentino Vailati del 16 e 17 ottobre 1984 dopo un colloquio con monsignor Loris Francesco Capovilla», in *Positio super virtutibus*, cit., vol. I/1, p. 137.

67. Nell'annuario pontificio monsignor Maccari «risultava essere Segretario del Vicariato di Roma, dell'Ufficio I per il Culto Divino, la Visita Apostolica, la disciplina del Clero e del popolo cristiano e consultore della Congregazione del Concilio» (cfr. *Positio super virtutibus*, cit., vol. IV, p. 324). Ma, sempre all'interno del Vicariato, faceva parte della Commissione Catechistica Diocesana e dell'Opera delle Vocazioni ecclesiastiche e del piccolo clero (cfr. *Annuario Pontificio*, anno 1961, Tipografia Poliglotta Vaticana, pp. 1067-1068). Inoltre era prelato domestico di Sua Santità e consultore della Congregazione del Concilio (cfr. *ivi*, pp. 943 e 1203).

68. Giovanni XXIII, *Pater amabilis. Agende del Pontefice, 1958 – 1963*, edizione critica, Mauro Velati (Ed.), Istituto per le Scienze Religiose "Giovanni XXIII", Bologna 2007, p. 139. Il corsivo è stato scelto per l'uniformità del testo che presenta in questa forma tutte le frasi in latino. La traduzione del testo latino è: osservare tutto e correggere con carità.

69. C. Maccari, «Relazione al card. Joseph Ratzinger», in *Positio super virtutibus*, cit.,vol. IV, sezione I, p. 424.

70. *Ivi*, p. 426.

71. C. Maccari, «Relazione della visita apostolica», in *Beatificationis et Canonizationis Servi Dei Pii a Pietrelcina. Positio super virtutibus*, vol. IV-A, Bari, Tipografia Favia, 1997, p. 18.

72. C. Maccari, «Relazione al card. Joseph Ratzinger», in *Positio super virtutibus*, cit., vol. IV, sezione I, p. 425.

73. Cfr. Giovanni XXIII, *Pater amabilis*, cit., pp. 289 e 361.

74. «Pro-memoria di S. E. mons. Valentino Vailati del 16 e 17 ottobre 1984

dopo un colloquio con monsignor Loris Francesco Capovilla», in *Positio super virtutibus*, cit., vol. I/1, p. 137.

75. L.F. Capovilla, «Arcivescovo Carlo Maccari (1913 – 1997)», appunto per il vaticanista di *Avvenire* Mimmo Muolo, ds, 18 aprile 1997.

76. «Testimonianza di padre Amedeo Fabrocini», in *Positio super virtutibus*, cit., vol. II, p. 29. Padre Bonaventura non fu in grado di avvisare con maggiore anticipo padre Amedeo poiché monsignor Maccari gli comunicò solo il 29 luglio che avrebbe dovuto «fare sapere al solo Ministro Provinciale di Foggia che il giorno dopo, 30 luglio, egli sarebbe arrivato a Foggia diretto a San Giovanni Rotondo» (Bonaventura da Pavullo, «Visita apostolica di mons. Carlo Maccari a San Giovanni Rotondo», in *Positio super virtutibus*, cit., vol. IV, sezione I, p. 324).

77. C. Maccari, «Relazione della visita apostolica», in *Positio super virtutibus*, cit., vol. IV-A, p. 19.

78. «Testimonianza di padre Amedeo Fabrocini», in *Positio super virtutibus*, cit., vol. II, p. 30.

79. Abbiamo certezza dell'inizio della visita, ma circa il suo ultimo giorno esistono diverse fonti discordanti.

80. «Lettera di S. E. mons. Carlo Maccari (arcivescovo di Ancona) a un non precisato «monsignore» della Congregazione per la Dottrina della Fede», 6 novembre 1974, ds, Archivio della Congregazione per la Dottrina della Fede, 255/19, fg. 2.

81. *Ivi*, fg. 3.

82. C. Maccari, «I miei incontri con X», in *Positio super virtutibus*, cit., vol. IV-A, p. 133. Non si tratta di una risposta di circostanza per discolparsi. Padre Eusebio Notte, che era assistente personale di Padre Pio, approfittò della confidenza che si era stabilita con lui per chiedergli: «Padre, ma perché non lascia stare queste pie donne... Sono tante le chiacchiere che vanno in giro!». E l'anziano confratello, facendosi serio, gli rispose: «Figlio mio, e che fine farebbero?» (cfr. «Testimonianza di padre Eusebio Notte», in *Positio super virtutibus*, cit., vol. II, p. 296). Questo colloquio, avvenuto in un clima di familiarità e in un contesto al di sopra di ogni sospetto, dimostra che effettivamente l'interesse prioritario che muoveva le parole e gli atteggiamenti di Padre Pio era la salvezza delle anime (cfr. anche *infra* 3.4).

83. C. Maccari, «I miei incontri con X», in *Positio super virtutibus*, cit., vol. IV-A, p. 135.

84. C. Maccari, «Relazione della visita apostolica», in *Positio super virtutibus*, cit., vol. IV-A, p. 81.

85. «Testimonianza di padre Amedeo Fabrocini», in *Positio super virtutibus*, cit., vol. II, p. 30.

86. «Testimonianza di padre Carmelo Durante», in *ivi*, p. 809.

87. «Testimonianza del prof. Francesco Lotti», in *ivi*, p. 1238.

88. «Testimonianza del prof. Giuseppe Sala», in *ivi*, p. 741.

89. «Testimonianza di don Giosuè Fini», in *ivi*, p. 1307. Con questa opinione concordano molti altri testimoni (cfr. *Positio super virtutibus*, cit., vol. IV, pp. 193, 197, 208, 210, 216, 222, 231).

90. R. D'Addario, «Brevi cenni riguardanti la Vita del P. Pio e la mia lunga dimora con lui», in M. Iasenzaniro, *Padre Pio. Profilo di un santo*, Edizioni Padre Pio da Pietrelcina, San Giovanni Rotondo (FG) 2009, vol. II, p. 409.

91. Giovanni XXIII, *Pater amabilis*, cit., p. 160. Traduzione del testo latino: «Perdona Signore, perdona il tuo popolo».

92. C. Maccari, «Relazione della visita apostolica», in *Positio super virtutibus*, cit., vol. IV-A, p. 90.

93. *Ivi*, p. 103. Le frasi virgolettate sono di uno dei testimoni interrogati da monsignor Maccari.

94. *Ivi*, p. 93.

95. *Ivi*, p. 94.

96. Cfr. *ivi*, p. 101.

97. Cfr. *ivi*, p. 102.

98. Cfr. G. Gigliozzi, *...E Padre Pio mi disse...*, cit., p. 119.

99. Cfr. G.A. Pezzati, «La morte di Mons. Carlo Maccari», in *Voce di Padre Pio*, n. 6, giugno 1998, p. 17. La fonte dell'autore è il segretario di monsignor Maccari, don Almerino Quercetti, che ha avvalorato, con un breve scritto nella stessa pagina, il racconto di Pezzati.

100. M. Morra, *Padre Pio e la Chiesa madre di santi e di peccatori*, Edizioni Casa Sollievo della Sofferenza – Edizioni Padre Pio da Pietrelcina, San Giovanni Rotondo (FG) 2007, p. 337.

101. M. Muolo, «Maccari, un vescovo di prima linea», in *Avvenire*, 19 aprile 1997, p. 7.

102. Cfr. C. Maccari, «Relazione della visita apostolica», in *Positio super virtutibus*, cit., vol. IV-A, p. 81.

103. Cfr. *ivi*, p. 86.

104. *Ivi*, p. 85.

105. *Ivi*, p. 86.

106. Cfr. *ibidem*.

107. *Ibidem*.

108. Cfr. *ivi*, pp. 85-86. n. 145.

109. P. Philippe, «Relazione e voto dell'8 febbraio 1969», ds, Archivio della Congregazione per la Dottrina della Fede, 255/19, p. 4. Con il giudizio espresso dall'arcivescovo Philippe concordano altre fonti: «Risultati dell'inchiesta effettuata dal M. R. P. Rosario Borraccino, ministro provinciale dei Frati Minori Cappuccini di Foggia, dietro preghiera rivoltagli dall'arcivescovo di Manfredonia, S. Ecc. rev.ma mons. Valentino Vailati», 13 giugno 1972, allegato n. 14, in M. Crovini, «Relazione», cit.; la «Testimonianza di padre Alberto D'Apolito», in *Positio super virtutibus*, cit., vol. II, p. 72; la «Testimonianza dell'ins. Maria Pennisi», in *ivi*, p. 118; la «Testimonianza di padre Amedeo Fabrocini», in *ivi*, p. 14; la «Testimonianza di padre Carmelo Durante», in *ivi*, pp. 831 e ss.; la «Testimonianza di Maria Grazia Massa», in *ivi*, pp. 1586 e ss.; la «Testimonianza di Girolama Longo», in *ivi*, p. 1596.

110. Cfr. S. Campanella, *Obœdientia et pax. La vera storia di una falsa persecuzione*, cit., pp. 183 e ss.

111. Cfr. C. Maccari, «Relazione della visita apostolica», in *Positio super virtutibus*, cit., vol. IV-A, p. 85.

112. «Testimonianza di Nina Campanile», in *Positio super virtutibus*, cit., vol. II, p. 1652. Dalla stessa testimonianza apprendiamo il motivo che induceva Padre Pio a dedicare maggiore attenzione a qualcuna delle sue figlie spirituali rispetto alle altre: «A qualche anima debole, che non sopportava la maniera forte e si allontanava dalla via intrapresa per la conquista della perfezione, Padre Pio gettava in aria una metafora: "I pesci corrono all'amo, attratti dall'esca; tolta questa, si allontanano". Allora l'anima capiva e più svelta correva all'amo senza l'esca. Però non agiva così con le anime forti e già provate. Egli le faceva correre sulle vie ascensionali di sacrificio in sacrificio, dietro il suo esempio. [...] E questo è il motivo perché fra tutte le figlie spirituali il Padre curava qualcuna in modo particolare; ma non è stata sempre la stessa anima. E tale anima non era tra quelle più votate al sacrificio, sibbene tra le più deboli e imperfette. Egli si metteva a disposizione di tali anime con spirito evangelico di servizio, seguendo l'esempio del Maestro, venuto per servire e non per essere servito. Ed in questo senso egli poteva dire alle anime, come più di una volta disse a me: "Ogni tuo desiderio per me è un comando"; e agiva di conseguenza» (*ivi*, p. 1646). La testimonianza di Nina Campanile è particolarmente importante in quanto ha sperimentato personalmente, sebbene in modo diverso, il sentimento di gelosia per essere stata prima «trattata in una maniera eccezionale sulle altre sorelle spirituali», illudendosi di essere oggetto «di speciale predilezione del Padre ed anche di Dio», per poi essere messa in secondo piano quando «altre anime» presero il suo posto (cfr. *ibidem*). In merito, dunque, questa figlia spirituale del Cappuccino stigmatizzato ha attestato: «Padre Pio ha usato preferenza speciale verso un'anima su tutte le altre, sempre nell'ambito della direzione spirituale, per l'acquisto della perfezione cristiana, come lo ha fatto prima con me, poi (l'anima non era sempre la stessa) per [Marta] ed infine per Cleonice Morcaldi. C'è da dire, però, che Padre Pio, nonostante questo metodo, non escludeva nessun'altra anima dalle sue premure pastorali. [...] Nel 1917 inoltrato mi accorsi che Padre Pio incominciava a cambiar metodo nella mia direzione, mostrandosi quasi materno. Io me ne accorsi e domandai la ragione ed egli mi rispose: "La natura della tua anima è quella di una bambina; e come una bambina ti debbo trattare". Ed io debbo riconoscere di essere restata, nei riguardi di Dio, sempre una bambina [...]. Fino al 1920 con un impegno particolare Padre Pio cercò di farmi crescere nella via dello spirito e poi a poco a poco mi mise in linea con le altre. Io non riuscivo ad accettare sempre la volontà di Dio ed ogni tanto venivo meno di fronte alle prove a cui il Padre mi sottometteva; e quindi nascevano incomprensioni e ribellioni da parte mia. [...] Quando infatti Padre Pio cominciò a dirigere spiritualmente [Marta e le sue sorelle] – in modo particolare [Marta] – ed io in un certo qual modo mi credevo relegata al secondo posto, mi sentii presa da un forte risentimento di gelosia che, aumentato da precarie condizioni di salute, provocò una vera rottura tra me ed il Padre: arrivai fino a non credere più alla sua santità. Però in fondo al cuore rimase sempre un sentimento di stima e di amore filiale verso di lui, per cui feci

al Signore la preghiera di darmi un segno della santità del Padre, col mandarmi anche una pesante malattia. Il Signore mi prese in parola e il 26 luglio 1924 mi ammalai gravemente, rimanendo in coma per parecchi giorni. In seguito mi ripresi, ma la terribile malattia la portai addosso per circa due anni. [...] In una lettera Padre Pio mi aveva predetto la terribile prova a cui sarei andata incontro; ma io allora non capii di che cosa si trattasse. Durante la prova, Padre Pio mi aiutò in tutti i modi: con i consigli, con la preghiera e con lettere che mi spediva quando, per motivi di salute, mi allontanavo da San Giovanni Rotondo. Così, con la grazia di Dio e l'aiuto del Padre, superai la terribile prova e non dubitai mai più della santità di Padre Pio» (*ivi*, pp. 1649 e ss.).

113. M. Iasenzaniro, *Padre Pio. Profilo di un santo*, cit., vol. II, pp. 41 e ss.

114. «Testimonianza di padre Carmelo Durante», in *Positio super virtutibus*, cit., vol. II, p. 836.

IV

LA MISERICORDIA "SOCIALE" DI PADRE PIO

La misericordia con cui Padre Pio manifestava quella divina si è evidenziata anche nella sua attenzione ai bisogni essenziali, anche terreni, degli uomini del suo tempo. Tutti conoscono l'opera più significativa da lui realizzata, l'ospedale "Casa Sollievo della Sofferenza", ma pochi sanno che questa fu preceduta da un altro nosocomio e fu seguita da altre iniziative tendenti a offrire alla popolazione di San Giovanni Rotondo e dei paesi limitrofi un'adeguata formazione religiosa, umana e professionale, soprattutto negli anni di degrado economico e sociale dell'immediato secondo dopoguerra.

Alcune di queste attività offrono ancora oggi il loro servizio, mentre altre hanno esaurito ormai da tempo il loro compito per varie ragioni, ma restano sempre vivi il beneficio che hanno seminato negli anni in cui hanno operato e l'esempio di attenzione alle necessità concrete che limitano la dignità della persona.

1. L'ospedale "San Francesco"

Fin dal 26 marzo 1914 Padre Pio avvertiva un sentimento di «compassione delle altrui miserie» nel fondo della sua anima e rivelava la sua determinazione a fare qualsiasi cosa «presso il Signore» per liberare dai suoi mali qualunque persona «afflitta, sia nell'anima che nel corpo». Sarebbe stato disposto persino ad addossarsi «tutte le sue afflizioni, cedendo in suo favore i frutti di tali sofferenze», pur di salvarla dalla prova. Era, per lui, una sensazione nuova. La ritenne «un favore singolarissimo di Dio», considerando che in passato aveva provato «naturalmente se non poca o niente pietà» per le altrui necessità[1].

Per alcuni anni, però, i propositi caritativi si tradussero in qualche aiuto personale, caso per caso. Dopo la diffusione della notizia della stimmatizzazione permanente, la prospettiva cambiò completamente. Il passaparola si rivelò subito un formidabile veicolo divulgativo, tanto che il primo breve articolo, non firmato, pubblicato da *Il Giornale d'Italia* circa otto mesi dopo il 20 settembre 1918, attestava che «il popolo minuto è attratto al convento per visitare il "Santo"»[2]. In maniera più esplicita, sei giorni dopo, il settimanale della Capitanata, *il Foglietto*, comunicava che «molti fedeli [...] da ogni parte della Penisola si rivolgono a lui fiduciosi nella sua potenza ultra umana per dono divino»[3].

Sull'onda della popolarità, amplificata dagli articoli della stampa, il fenomeno dei pellegrinaggi crebbe, tanto che, il 19 giugno 1920, del Cappuccino che viveva a San Giovanni Rotondo si occupò il quotidiano britannico *Daily*

Mail, per informare i suoi lettori che «si sta assistendo a delle scene straordinarie a Foggia[4] di giorno in giorno [...]. Lunghe file si presentano al giovane francescano e guardano attoniti i segni sulle mani, sui piedi nei sandali e sulla testa. Questi segni sono stati autenticati dal punto di vista medico e si dice che corrispondano dettagliatamente ai segni lasciati sul Crocifisso di Nazareth»[5].

Molti di questi pellegrini, con la prospettiva di ottenere un miracolo per intercessione di quel religioso privilegiato dal Signore, lasciavano offerte, anche consistenti, nelle sue mani piagate[6]. Con questa disponibilità Padre Pio poteva fare molto di più per i miseri, verso cui provava compassione. Ma era vincolato dal voto di povertà. Per questo scrisse al suo ministro provinciale, padre Benedetto da San Marco in Lamis, e gli chiese:

> «Se venisse presentato a noi religiosi una somma qualsiasi da persona secolare coll'espressa volontà di questa di adoperarla come meglio si giudica in coscienza per il suo maggior bene, per la gloria di Dio e per sollievo del prossimo, è contrario alla nostra regola se il religioso, a cui è presentata detta offerta nei termini suddetti, impiegasse tale offerta secondo quello che meglio crede e giudica in coscienza?»[7].

A stretto giro, padre Benedetto rispose:

> «È lecito distribuire ai poveri le offerte avute a tale scopo, perché in ciò si esegue semplicemente la volontà dei danti e in nessun modo si esercita il dominio. Sarebbe imputabile

ricevere denaro senza che i danti esprimessero in nessun modo lo scopo; ma quando ne determinano l'uso, sia pure in modo disgiuntivo, allora non vi è offesa dei nostri doveri, perché è usarlo nell'ambito dei loro desideri»[8].

La prima necessità che balzò agli occhi del Cappuccino stigmatizzato fu quella sanitaria. Molti di quelli che si rivolgevano a lui per chiedere le sue preghiere, infatti, erano ammalati o parenti di persone inferme. Il vecchio ospedale di San Giovanni Rotondo, realizzato nel secolo XIII, era stato chiuso all'inizio del 1900 e, da quel momento, in paese non c'era «nemmeno un ambulatorio, per le medicazioni più necessarie»[9]. Malattie come il vaiolo, la tubercolosi e la pellagra erano molto diffuse. Non erano rari i casi di setticemia[10]. A causa delle condizioni di vita della popolazione, il contagio avveniva facilmente e spesso le infezioni avevano un esito letale, anche perché «i pochi medici» che vivevano sul posto, «benché animati di alto spirito d'altruismo e da profonda dedizione al sacrificio», erano costretti ad esercitare la professione in condizioni non ottimali e talvolta dovevano eseguire «interventi anche delicati nel "domicilio" stesso dei pazienti»[11]. Coloro che avevano «bisogno d'intervento chirurgico» erano «costretti di recarsi a Foggia o a Napoli». La popolazione avvertiva ormai da tempo «la mancanza d'un ospedale degno d'una cittadina civile», tanto che il prof. Adelchi Fabrocini, presidente della locale Congrega di Carità, si stava già adoperando a cercare «da privati tanti sussidi» per raggiungere l'obiettivo. Con un ambizioso progetto, che prevedeva «una sala operatoria, ben arredata e corredata dei principali strumenti chirurgici per ogni specie di operazione; un ambulatorio e due corsie capaci di cinque letti ciascuna, al primo piano; due stanze per l'alloggio degli infermieri, due stanze per gli uffici della direzione e due sale per ammalati che non volessero restare in corsia comune, ma volessero essere indipendenti, al secondo piano», il prof. Fabrocini cominciò ad adattare per l'uso il «cadente edifizio dell'ex Monte Frumentario», vicino al vecchio ospedale, dove un tempo si depositavano le eccedenze di grano, dopo averne ottenuto la cessione da parte del Comune[12]. L'eco dell'iniziativa arrivò fino al convento e Padre Pio decise di fare la sua parte. Ma fu il superiore della Fraternità, padre Ignazio da Ielsi, ad occuparsi al suo posto degli aspetti pratici dell'iniziativa, quale componente della Commissione dell'erigendo ospedale civile.

L'immobile prescelto, però, a una attenta analisi si rivelò non idoneo, perché mancavano «giardino, sale, acqua, pozzi neri, sala mortuaria e locali del personale inserviente». Il nuovo presidente della Congrega, il dott. Leandro Giuva, «considerato che l'oblatore P. Pio da Pietrelcina, in diverse conversazioni, anche con persone disinteressate, provette o tecniche, ha riconosciuto il parere di queste, che il locale ove potrebbesi adattare l'ospedale e che sia assolutamente imparagonabile con quello del locale del "Monte", è l'ex convento delle Clarisse [...] e per ciò ha dato le più ampie assicurazioni di elargire la somma di L. 50.000 per riadattare una parte dell'ex convento delle Clarisse», nell'adunanza del 6 agosto 1922 sottopose «a votazione segreta» la «proposta di invitare la Commissione autonoma pro-erigendo ospedale a volersi riunire d'urgenza [...] nello intento di addivenire ad una soluzione, la quale possa soddisfare pienamente i bisogni del paese»[13]. In quella riunione la Congrega non approvò, ma l'argomento tornò all'ordine del giorno il 29 ottobre. Questa volta Giuva si fece forte dell'orientamento della Commissione per la costruzione dell'ospedale, la quale «è venuta nella determinazione di sospendere i lavori ed aprire una trattativa con questa Amministrazione», avendo riconosciuto «che quei locali, comunque riattati non avrebbero mai potuto rispondere alle esigenze, anche del più modesto luogo di cura». Pertanto formulò una proposta: «Censire in perpetuo ad una persona da indicarsi dal rappresentante degli oblatori P. Ignazio Testa da Ielsi, Guardiano di questo convento dei Cappuccini, allo scopo di istituire un'opera di beneficienza, tutto il fabbricato del "Monte" [...] con l'annuo canone di L. 600:00, e col depositare sulla Cassa di Risparmio postale Lire 50 mila a nome del Presidente della Congrega di Carità, per l'adattamento dei locali dell'ex convento delle Clarisse». Seguì la votazione, che diede il via libera al cambio. Inoltre la Congregazione approvò «che sia compilato il progetto dei lavori e di indire le aste di appalto, nei modi di legge»[14]. Il 3 gennaio seguente, la decisione fu ratificata dalla Commissione, che si riunì «sotto la presidenza del Commissario Prefettizio Cav. Uff. Michele Nigri», decise di «riconoscere non adatto per ospedale civile il locale detto del Monte per cui si rinunzia alla continuazione dei lavori» e determinò «di far sorgere l'ospedale in parola al convento delle Clarisse, con entrata indipendente a ponente, riattando i locali esistenti e costruendo la sala operatoria, una nuova corsia ed altri vani sul suolo disponibile a mezzogiorno»[15].

Alla fine dell'anno «i lavori dell'ospedale civile sono quasi al completo» e il dott. Giuva, «volendo dare un attestato di riconoscenza al Rev.mo P. Pio da Pietralcina [*sic*] ed all'Ordine dei Cappuccini, cui egli appartiene, propone [...] di chiamare a far parte di questa Congrega di Carità il Rev. P. Pio da Pietralcina [*sic*], con facoltà di rappresentarsi da sé o per altra persona, e di poter trasmettere questo diritto al Superiore pro-tempore che si troverà in carica nel convento di S. Giovanni Rotondo in avvenire» e «di conferire il diritto in perpetuo, di funzionare da cappellano dell'Ospedale, ad un religioso dei Cappuccini del convento di questa Città, nominato dal Superiore del convento stesso»[16].

Qualche mese dopo in paese si diffusero alcune «voci» secondo cui «il nuovo Ospedale avrà la denominazione di Ospedale Civile S. Francesco». Due componenti della Congregazione, Federico Fiorentino e Matteo Squarcella, nella riunione del 10 luglio 1924, «interpellano il Sig. Presidente per sapere se sono vere le voci». Il dott. Leandro Giuva confermò e spiegò che «i PP. CC. per rimanere nella loro umiltà, quali figli e seguaci di S. Francesco, non vogliono venga dato ad un loro confratello ancora in vita il nome di un Ospedale». Ma «i suddetti componenti non trovano giuste le ragioni dei Reverendi Frati, ed insistono, per debito di gratitudine e di stima, che il novello ospedale abbia ad avere la denominazione di: Ospedale Civile P. Pio da Pietralcina [*sic*], appunto per dimostrare ai benefattori ed oblatori che i loro danari affidati al Santo uomo non sono stati distratti, ma spesi e devoluti per la costruzione di un ospedale, il quale, per l'opera ed intercessione di questo pio ed umile fraticello d'Assisi [*sic*], accoglierà tanti poveri infelici, che, benediranno, anche loro, la mano proficua e benefattrice del fondatore P. Pio. La Congregazione unanimemente trovando giusta la proposta dei componenti Fiorentino e Squarcella, riconoscendo tutti i meriti del sullodato P. Pio» deliberò «che la denominazione dell'ospedale, abbia il nome di: Ospedale Civile P. Pio da Pietralcina [*sic*]»[17]. Ma alla fine prevalsero il buon senso e l'orientamento dei frati.

La così esagerata manifestazione di gratitudine era dovuta al fatto che il contributo del Cappuccino stigmatizzato non si limitò alle sole 50.000 lire elargite per le opere di ristrutturazione e di adeguamento dell'ex convento delle Clarisse. Infatti per l'arredamento e le attrezzature necessari all'attività sanitaria provvidero i benefattori estimatori di Padre Pio[18].

Il 23 aprile 1925, finalmente, fu inaugurato l'ospedale intitolato a san Francesco. Fu strutturato in due corsie, una per gli uomini e una per le donne, con sette letti ciascuna. C'erano anche due camere riservate, per un totale di venti posti. Era già stato stabilito a priori che, per i poveri, le cure dovevano essere gratuite[19]. La direzione clinica fu affidata al dottor Francescantonio Giuva. Come vice direttore fu nominato il dottor Angelo Maria Merla[20]. L'organizzazione amministrativa, presieduta dal dottor Leandro Giuva, quale presidente pro tempore della Congrega, era formata dal sindaco Francesco Morcaldi e da due figlie spirituali di Padre Pio: Vittoria Ventrella e Angela Serritelli[21]. L'assistenza infermieristica fu affidata alle Suore Apostole del Sacro Cuore di Gesù[22] fino al 1920 e, dal primo settembre 1928, alle Adoratrici del Sangue di Cristo[23]. Per gli interventi chirurgici più delicati, due volte alla settimana, veniva da Foggia il dottor Francesco Paolo Bucci, in servizio agli Ospedali Riuniti[24].

All'inizio tutto filò liscio e una parte delle offerte che giungevano a Padre Pio contribuiva regolarmente alle spese correnti dell'attività sanitaria. Dopo i primi anni, però, sorsero i primi problemi nella gestione amministrativa, che sfociarono in una controversia tra enti e in un «esposto anonimo» alla Prefettura di Foggia. Il podestà, Antonio Bramante, si accorse che erano in corso «lavori di muratura ai locali dell'Ospedale Civico» e scrisse una lettera al Presidente della Congregazione di Carità per ricordargli «che tali ambienti sono di proprietà del Comune; e perciò ai medesimi non possono apportarsi modifiche se non col consenso di quest'Amministrazione» e per invitarlo «a sospendere subito i lavori»[25]. Due giorni dopo, Bramante inviò una lettera anche al muratore Michele Centra per ingiungergli di «sospendere subito l'esecuzione dei lavori»[26]. Nel giro di qualche giorno, il dott. Leandro Giuva rispose al Podestà contestando le sue argomentazioni e affermando che «i locali dell'Ospedale sono virtualmente ed anche legalmente appartenenti alla Congregazione di Carità, fin da quando sono stati ceduti da Cotesta Amministrazione per erigervi l'Ospedale». Il presidente, inoltre, evidenziò che la Congregazione stava gestendo il nosocomio «nel modo più encomiabile, specialmente in relazione alle limitate possibilità economiche di cui essa dispone, senza alcuna ingerenza da parte di Cotesto Comune, il quale ha sempre negato anche il più doveroso contributo», per cui giudicava «assolutamente inopportuno l'intervento» del Podestà «per questi lavori». Tuttavia si sentì in dovere di precisare: «che l'urgenza dei lavori non permetteva nessuna remora di tempo, come sarebbe stato necessario se si fosse dovuto adire ad un appalto con asta»; che il muratore incaricato «ha la indiscutibile capacità ad eseguirli» e «ha praticato prezzi di assoluta impossibilità di riduzione se si vuol pretendere che i lavori stessi debbano rispondere a tutte le esigenze per le quali vengono fatti». E, per provarlo, allegò alla lettera il contratto sottoscritto e il preventivo del progettista[27].

La vicenda si complicò con l'invio di una denuncia anonima alla «Regia Prefettura di Capitanata», secondo cui «il Presidente della locale Congregazione di Carità avrebbe stipulato un contratto a trattativa privata per lire 4000 senza bandire le aste pubbliche»[28]. Il Prefetto chiese chiarimenti al Podestà, il quale confermò quanto denunciato, specificando che, in realtà, «l'importo» delle opere era «di £ 5000» e garantendo di aver già «invitato il dott. Giuva a sospendere i lavori di muratura iniziati nei locali del civico ospedale giacché i detti locali sono di proprietà di questo Comune»[29].

Sia l'esposto anonimo che il tenore della risposta del Presidente della Congregazione al Podestà, soprattutto la non tanto velata accusa al Comune di negare «anche il più doveroso contributo» all'ospedale civile "San Francesco" lasciavano chiaramente intuire le difficoltà sociali ed economiche in cui l'iniziativa continuava a trovarsi. La Congrega, infatti, fin dai primi mesi della nuova attività assistenziale per gli ammalati, «pur avendo sensibilmente migliorate [*sic*] le proprie rendite patrimoniali, non può covrire [*sic*] le necessità finanziarie che occorrono alla manutenzione dell'Ospedale, i di cui bisogni si moltiplicano (dovuti più che altro, alle continue domande di ammissione gratuita di cittadini poveri)»[30], nonostante «il personale medico non costituiva alcun aggravio di spesa per la Congrega in quanto prestava opera gratuita a favore dei poveri»[31]. Ecco perché, già nel 1934, si registrò un deficit di cassa di lire 7.350[32].

A queste criticità di ordine economico probabilmente si aggiunsero le conseguenze delle lesioni provocate da due successivi terremoti, sebbene non molto forti, verificatisi in provincia di Foggia nel 1937. Il più intenso, il 17 luglio alle ore 17, fu del settimo grado della scala Mercalli (5,07 della scala Richter) con epicentro a San Severo, che a San Giovanni Rotondo ebbe un'intensità pari al quinto grado della scala Mercalli; il secondo, il 15 dicembre alle ore 21, del quinto-sesto grado della scala Mercalli (4,72 della scala Richter) con epicentro a San Paolo di Civitate, ebbe un'intensità del secondo grado della scala Mercalli a San Giovanni Rotondo[33]. È possibile, dunque, che l'edificio del nosocomio sia stato lesionato per effetto dei movimenti tellurici. Soprattutto del primo sisma[34], i cui effetti potrebbero essere stati aggravati dal secondo. Per incuria o per mancanza di fondi o per non interrompere il servizio non si fece alcuna ristrutturazione.

Sta di fatto che, all'inizio del 1940, la struttura erogava ancora il suo servizio, anche se andava «avanti stentatamente»[35]. Alla vigilia dell'Epifania, infatti, il nuovo presidente dell'ospedale, l'ing. Antonio Campanile, come al solito, bussò alla porta del convento per incassare il contributo dei Cappuccini. Gli aprì il guardiano, padre Raffaele da Sant'Elia a Pianisi, che lo trattò freddamente e, senza mezzi termini, gli disse: «Voi vi ricordate del convento solo quando venite a domandare le offerte. Nel capitolato c'è che anche il superiore del convento è membro della commissione e del consiglio. Mi avete mai chiamato in tanti anni?». Il presidente, sorpreso, stupito e un po' offeso, tentò di scusarsi come meglio poteva. Padre Raffaele gli diede comunque l'offerta, ma il clima restò teso[36].

La sera stessa, dopo cena, quattro frati si ritrovarono nella stanza n. 13 per la ricreazione. C'era Padre Pio, c'erano due frati originari di San Giovanni Rotondo, padre Giocondo e padre Leone, e c'era padre Raffaele. Il guardiano aveva un peso sulla coscienza di cui doveva liberarsi e, con grande imbarazzo, entrò in argomento: «Padre Pio, oggi l'ho fatta grossa!». E raccontò quanto era avvenuto in mattinata. Il Cappuccino stigmatizzato sembrava non ascoltare. Continuò a pregare con la corona del Rosario in mano, scuotendo leggermente il capo a destra e a sinistra. Incoraggiato dal silenzio del confratello, padre Raffaele si spinse oltre e propose: «Perché non lo facciamo qua un ospedale, almeno di un centinaio di letti?». La proposta attirò l'attenzione di Padre Pio che, a questo punto, intervenne nella discussione chiedendo: «E dove?». «Sul terreno di Maria Basilio», rispose il guardiano, riferendosi a un appezzamento demaniale situato a poche decine di metri dal convento[37], concesso dal podestà, Antonio Bramante, per la realizzazione di un'opera benefica, a una giovane donna di Torino, divenuta figlia spirituale del frate carismatico e trasferitasi a San Giovanni Rotondo. Padre Pio aprì le palpebre. Sembrava guardare nel vuoto, mentre diceva: «*Ce li ma fa*: lo dobbiamo fare»[38].

2. "Casa sollievo della sofferenza"

Quando Padre Pio rispose «*Ce li ma fa*», i suoi occhi evidentemente guardavano lontano. Fece subito proprio quel proposito e cominciò a parlarne a un agronomo di Perugia, Mario Sanvico, e a un cieco che aveva perso la vista da bambino, Pietro Cugino.

Rapidamente quel "desiderio del Cappuccino stigmatizzato" fu conosciuto e divenne oggetto di attenzione tra i suoi figli spirituali, che si diedero immediatamente da fare per realizzarlo. Già nel pomeriggio del 9 gennaio, in un villino prefabbricato che dividevano Sanvico e il medico condotto nella zona del Mugello Guglielmo Sanguinetti, entrambi trasferitisi a San Giovanni Rotondo per Padre Pio, si riunirono: «signorina Ida Seitz, dottor Carlo Kisvarday, dottor Mario Sanvico, signora Maria Antonietta Sanvico, signora Mary Kisvarday per costituire un comitato per la fondazione di una clinica secondo le intenzioni di Padre Pio da Pietrelcina. [...] Il comitato è così costituito: Il Fondatore dell'Opera: Padre Pio da Pietrelcina (che momentaneamente desidera non essere nominato); Segretario: dottor Mario Sanvico; Cassiere contabile: dottor Carlo Kisvarday; Tecnico medico: dottor Guglielmo Sanguinetti; Direttrice organizzazione interna: signorina Ida Seitz. Si conviene che tutto ciò che dovrà essere attuato dovrà essere sottoposto al consiglio del Padre»[39].

Al termine della riunione, Sanvico e Kisvarday raggiunsero Padre Pio nella sua cella e gli esposero il proposito. Il frate ne fu entusiasta e disse: «Da questa sera ha inizio la mia grande opera terrena. Benedico Voi (Sanvico e Kisvarday in ginocchio) e tutti coloro che doneranno alla mia opera, che sarà sempre più bella e più grande». Quindi, prendendo dalla tasca «un marengo d'oro da 10 franchi» ricevuto la mattina da una devota, aggiunse: «Anch'io voglio offrire il mio obolo!...»[40]. Quella sera stessa il cassiere, dottor Kisvarday, poteva annotare sul registro contributi per complessivi 10 franchi oro e 967 lire[41].

Fu lo stesso Padre Pio, a distanza di qualche giorno, la sera di domenica 14 gennaio, a indicare il nome dell'erigenda clinica: «Casa Sollievo della Sofferenza»[42].

Anche gli occhi dei componenti del comitato stavano guardando lontano. L'ospedale San Francesco, infatti, già in difficoltà «per pigrizia o per sfiducia» degli uomini che «non seppero essere all'altezza dell'iniziativa» e che «non si impegnarono come avrebbero dovuto»[43], ebbe quasi certamente il colpo di grazia da una serie di «piogge alluvionali»[44] che devastarono la provincia di Foggia dal 10 gennaio 1940 alla fine dello stesso mese[45]. Forse a causa di qualche crepa risalente ai due terremoti del 1937, resa più profonda «sia per la mancata manutenzione sia per vizio di originaria costruzione» e soprattutto per le «infiltrazioni di acqua in parte degli ambienti [...] è crollata la sottostruttura di un pavimento di copertura del pian terreno tenuto a terrazza e si son verificate numerose lesioni lungo i muri perimetrali di partimento; mentre una lesione in corrispondenza dell'angolata nor-est [*sic*] del fabbricato ha determinato un pauroso strapiombo tanto da costringere l'Autorità a chiudere l'Ospedale»[46].

Non è stato possibile dare data certa a questo crollo e alla conseguente chiusura della struttura che, però, dovrebbero essere avvenuti prima del 24 agosto 1940, giorno in cui fu approvata una delibera del podestà con cui autorizzava la liquidazione della «spesa di costruzione, di asservimento e di fornitura di ferri chirurgici per l'ambulatorio medico Comunale per i poveri», evidentemente realizzato per sopperire all'erogazione di un servizio di assistenza sanitaria che le leggi all'epoca vigenti e il Ministero dell'Interno rendevano obbligatorio per «tutti i Comuni, ove non vi provvedono altre istituzioni»[47].

La seconda guerra mondiale rallentò, ma non frenò, l'attuazione di quell'idea[48]. Tuttavia si dovette attendere il 5 ottobre 1946 per il primo passo ufficiale: la costituzione, dinanzi al notaio Girolamo Gaggianelli di Foggia, di «"Casa Sollievo della Sofferenza" (Clinica Ospitaliera) in San

Giovanni Rotondo (Foggia) Società per Azioni», con lo scopo di costruire «una Clinica Ospitaliera destinata alla cura ed assistenza degli ammalati anche dal lato spirituale»[49]. La società aveva un capitale di mille azioni da mille lire, pari a un milione. Le azioni furono distribuite fra i fedeli che erano più vicini a Padre Pio[50], con l'impegno formale che avrebbero rinunciato a qualsiasi utile[51].

Appena quattro giorni dopo, Maria Basilio mise a disposizione della Società il terreno che aveva ottenuto in concessione. La mattina seguente la famiglia Serritelli di San Giovanni Rotondo donò un altro lembo di terreno adiacente al precedente.

Così, il 16 maggio del 1947, con una semplice cerimonia venne benedetta da Padre Pio la prima pietra del futuro grande ospedale. Il 19 una ventina di operai, senza neppure un progetto di massima, iniziò lo sbancamento per la costruzione della strada di accesso al cantiere. In cassa c'erano appena quattro milioni e mezzo di lire, ma il frate di Pietrelcina aveva voluto ad ogni costo l'immediato inizio dell'opera[52]. Con questo obiettivo trattenne per quasi due anni a San Giovanni Rotondo don Peppino Orlando, suo amico di vecchia data e compaesano, nominato consigliere delegato della società[53], e «ogni sera» lo spronava: «Hai capito che tu devi iniziare i lavori?». «Ma Piuccio», replicava il sacerdote, «perché devo far ridere sulle mie e tue spalle? Iniziare i lavori per una grande clinica senza un progetto, senza un disegno, senza un ingegnere?». Ma Padre Pio non voleva sentire ragioni e insisteva: «Tu devi iniziare i lavori». Alla fine don Peppino si arrese:

«Una sera, unicamente per farlo contento, gli dissi: "Piuccio, domani farò una strada in quelle rocce donate da Maria Basilio; bada bene, però, che solo una strada io so fare". Sì, ma appunto la strada: comprai due gomitoli di spago e con 20 operai iniziai la strada larga 4 metri, allineando, con lo spago teso, due muretti a secco con pietre che ricavavo dal roccioso suolo.

Padre Pio spiava ogni giorno dal finestrone del convento e la sera mi spolverava dalla sottana la polvere che mi era caduta addosso durante i lavori del giorno. Come era contento!»[54].

Guardando quei pionieri con gli occhi umani la loro impresa sembrava una follia, tanto che furono definiti, senza mezzi termini, «pazzi megalomani»[55]. Ma Padre Pio guardava la sua Opera con gli occhi della fede e della carità.

La sua fiducia nella Provvidenza fu presto ripagata. Una nota giornalista inglese del prestigioso settimanale *The Economist*, Barbara Ward, di fede cattolica, in Italia per un'inchiesta sulla ricostruzione post-bellica, fece tappa a San Giovanni Rotondo per chiedere all'ormai famoso Cappuccino di pregare per la conversione del suo fidanzato protestante, l'australiano Robert Jackson, consigliere delegato dell'UNRRA[56], responsabile degli aiuti dell'ONU in Europa, in Africa e in Estremo Oriente. Padre Pio le rispose: «Sì, se il Signore vuole si convertirà». Lei, poco soddisfatta della risposta, replicò: «Ma, padre, e quando?». «Se il Signore vuole, anche adesso», chiuse il discorso il Cappuccino. E, proprio mentre miss Ward parlava con lui, a Londra il suo futuro sposo si faceva battezzare in una chiesa cattolica. Tutto questo accadeva nell'autunno del 1947, pochi giorni dopo l'inizio dei lavori di sbancamento. Incuriosita e interessata da quel progetto, la giornalista inglese avrebbe fatto, in seguito, pressione sul marito perché venisse riconosciuto un contributo dell'UNRRA per la erigenda "Casa Sollievo della Sofferenza"[57].

L'idea della donazione fu sostenuta come un omaggio in memoria dell'ex sindaco di New York Fiorello La Guardia, che era stato anche direttore generale della stessa organizzazione internazionale, la cui famiglia era originaria della provincia di Foggia[58]. Furono erogati 400 milioni di lire, un capitale per l'epoca[59]. Quando, però, la pratica fu formalizzata con l'invio all'agenzia americana AUSA, da parte dell'Amministrazione Aiuti Internazionali del Governo italiano, dell'elenco delle opere da finanziare in Italia, inspiegabilmente[60] la richiesta per "Casa Sollievo della Sofferenza" si ridusse a 252 milioni, con la prospettiva di ottenerne 100[61]. Alla fine il contributo erogato, con l'approvazione del Governo italiano, fu di 250 milioni[62].

Per poter andare avanti nei lavori dell'ospedale, oltre i soldi, occorreva anche un progetto esecutivo del fabbricato. Il 10 ottobre 1940 Padre Pio fece convocare l'architetto Sirio Giametta di Frattamaggiore, in provincia di Napoli, e gli chiese di disegnare un ospedale «dove l'ammalato si senta come a casa sua: un luogo confortevole, pieno di luce, molto familiare»[63]. Un mese dopo il progetto era già pronto[64]. Prima di iniziarne la realizzazione, nel luglio 1946, si riunì «in convento, una commissione di tecnici e di amici del Padre [...]. Vi facevano parte due nobili romani, i marchesi Sacchetti e Patrizi, il dottor Di Giacomo, benefattore ed amico del Padre, e un tecnico, l'architetto Siviero di Roma». Dall'incontro scaturì l'indicazione di edificare l'opera a metà di viale Cappuccini, dove c'era un terreno «poco roccioso, con dislivelli modesti» e che, quindi, avrebbe comportato un «minor costo dei lavori di sbancamento». Inoltre la commissione si orientò verso una struttura «a villette separate [...] capaci ciascuna di venti, trenta posti letto. È evidente che le soluzioni proposte rispondevano a un criterio di cautela, legato al dubbio sull'effettiva capacità di attrazione delle popolazioni limitrofe da parte dell'ospedale, una volta reso operativo, nonché sulla disponibilità di fondi sufficienti per la costruzione e la successiva gestione di un complesso più importante». Padre Pio, rammaricato, confidò a Francesco Lotti[65]: «Quei signori vogliono costruire l'ospedale dove non deve essere». E gli diede un incarico: «Senti, devi farmi un piacere: parti questa notte e vai a Pescara. Lì andrai allo studio dell'ingegner Candelori: l'indirizzo fattelo dare dagli Abresch che lo conoscono. All'ingegnere chiederai, a nome mio, di darti quel progetto di ospedale, fatto tempo fa da un suo disegnatore, che lui dovrebbe aver conservato. Devi fare in modo di tornare prima del pomeriggio di domani, quando ci sarà l'ultima riunione della Commissione». L'incaricato portò a termine la missione in tempo e quando il frate lo mostrò alla commissione disse: «Vi ringrazio di tutto il fastidio che vi siete presi, ma l'ospedale sarà questo e sorgerà sulla montagna, di fianco al convento» e tutti «rimasero letteralmente senza parola»[66].

La direzione dei lavori fu affidata ad Angelo Lupi di Pescara, che pur non avendo né laurea né diploma, in breve tempo trasformò i contadini di San Giovanni Rotondo in operai specializzati: elettricisti, falegnami, carpentieri, piastrellisti e meccanici.

A colpi di mine e di piccone furono sbancati «settantacinquemila metri cubi di roccia» per scavare le fondamenta. Il 2 settembre del 1948 fu posata la prima copertura, benedetta da Padre Pio alla presenza delle autorità italo-americane[67]. L'8 dicembre del 1949 venne gettato l'ultimo solaio a copertura dell'edificio. Si trattava ora di rivestirla dentro e fuori e di sistemare gli impianti tecnologici.

Il 26 giugno 1950 il dott. Sanguinetti, consigliere delegato dell'Opera, scolpiva personalmente con martello e scalpello il nome dell'ospedale in cima alla facciata.

Accanto al cantiere sorse il primo ufficio per la cura della corrispondenza e per la redazione del bollettino dell'Opera di Padre Pio[68].

Cambiò fisionomia tutto il paesaggio. La montagna brulla si ricoprì di verde grazie all'opera di rimboschimento realizzata da Sanguinetti «con oltre centomila piante»[69].

Il 26 luglio 1954, con una cerimonia «intima, silente, umile», Padre Pio benediceva e inaugurava il Poliambulatorio della "Casa Sollievo della Sofferenza"[70], composto dal pronto soccorso e dai servizi di laboratorio di analisi cliniche, medicina generale, otoiatria, odontoiatria e pediatria[71]. «Ricordatevi che questa è l'opera della carità», disse ai presenti, «perciò bisogna servirla con lo spirito di Dio». E aggiunse: «Il primo ringraziamento va a Dio per l'opera sua. Lui che ha incominciato, terminerà ancora quello che sta architettando con le sue mani»[72].

Tra i presenti c'era il dott. Franco Lotti, che a distanza di tempo ha ricordato:

> «"Sarà un'inaugurazione in sordina", disse Sanguinetti. Appena finita l'inaugurazione, un'ora dopo si doveva cominciare. E noi aprimmo gli ambulatori un'ora dopo che furono inaugurati e benedetti da Padre Pio. "Questa", disse, "non è un'inaugurazione" – lo scrisse anche Sanguinetti – "è una cerimonia in famiglia perché il Padre possa vedere già quello che è stato realizzato. Mentre si completano i lavori per la costruzione dell'ospedale già l'ambulatorio deve entrare in funzione". E così fu, praticamente. Entrammo subito in attività»[73].

L'avvio dell'attività sanitaria pose il problema della «fisionomia giuridica» da dare al futuro ospedale. Si decise di fondare una Congregazione speciale del Terz'Ordine Francescano sotto l'invocazione e il patrocinio di Santa Maria delle Grazie, autorizzata, col consenso dell'arcivescovo diocesano, il 25 agosto 1954 dal Ministro Generale dei Cappuccini[74], che affidava a Padre Pio l'incarico di direttore spirituale. Questa speciale Congregazione avrebbe, però, preso in gestione l'Ospedale solo nel 1957, dopo aver ottenuto il riconoscimento giuridico da parte dello Stato, l'autorizzazione del papa[75] e dopo aver stipulato un contratto di affitto per l'immobile e le attrezzature con la

Società per Azioni che, subito dopo, assunse la denominazione di "Immobiliare Casa Sollievo della Sofferenza"[76].

Il 5 novembre 1954 venne aperta la Banca del Sangue. La cerimonia si svolse in un clima di mestizia perché due mesi prima, il 6 settembre, era morto il dottor Guglielmo Sanguinetti, che Padre Pio pianse come un fratello.

Il suo incarico di amministratore delegato passò prima ad Alberto Galletti[77] di Milano, poi all'ingegnere Luigi Ghisleri, anch'egli originario del capoluogo lombardo. L'ingegnere milanese, grazie alle sue conoscenze, fece appello a clinici di fama internazionale, che prontamente si misero a disposizione di Padre Pio, offrendo le proprie prestazioni e per costituire il primo staff di medici, individuandoli tra i propri allievi.

Partirono anche i primi corsi per infermieri e si scelsero come suore da destinare ai reparti di degenza le Missionarie Zelatrici del Sacro Cuore di Gesù[78].

Nell'aprile del 1955 il Signore concesse il premio eterno per la sua generosità a un altro pioniere dell'Opera: Mario Sanvico, che ricopriva l'incarico di vice presidente della Società per Azioni[79].

Già nei primi mesi del 1956 tutto era pronto per l'inaugurazione della Casa Sollievo della Sofferenza. Per la data si scelse il 5 maggio, giorno dell'onomastico di Padre Pio.

Alla Messa, presieduta dal Fondatore, partecipò una folla di quindicimila persone, tra cui numerose autorità religiose, civili e militari. La Chiesa era rappresentata dall'arcivescovo di Bologna, il cardinale Giacomo Lercaro, che tenne un discorso improntato sulla carità come segno della presenza di Dio. Ma padre Benigno da Sant'Ilario Milanese, ministro generale dei Frati Cappuccini, lesse anche un telegramma giunto dalla Santa Sede con la benedizione apostolica del papa, Pio XII.

Per lo Stato italiano erano presenti il presidente del Senato, Cesare Merzagora, e il ministro delle Poste e Telecomunicazioni nel primo Governo Segni, Giovanni Braschi.

Dopo l'intervento del cardinale Lercaro, Padre Pio tenne un discorso memorabile in cui si tracciavano le linee guida della sua opera terrena:

> «Signori e fratelli in Cristo, la Casa Sollievo della Sofferenza è al completo. Ringrazio i benefattori di ogni parte del mondo che hanno cooperato. Questa è la creatura che la Provvidenza, aiutata da voi, ha creato; ve la presento. Ammiratela e benedite insieme a me il Signore Iddio.
>
> È stato deposto nella terra un seme che Egli scalderà coi suoi raggi d'amore.
>
> Non ci private del vostro aiuto, collaborate a questo apostolato di sollievo della sofferenza umana»[80].

Dopo il rituale taglio del nastro, eseguito da Padre Pio e dal cardinale Lercaro, fu inaugurato un simposio di cardiochirurgia di livello mondiale sulle patologie delle coronarie, presieduto dal prof. Pietro Valdoni, con clinici giunti da vari paesi d'Europa e dagli Stati Uniti[81]. Il giorno seguente i relatori passarono a salutare Padre Pio che, con la sua naturale semplicità, ricordò loro:

«Voi avete la missione di curare il malato; ma se al letto del malato non portate l'amore, non credo che i farmaci servano molto. Io ho provato questo: il mio medico – quando nel 1916-17 fui malato – il mio medico, curandomi, mi recava prima di tutto una parola di conforto. L'amore non può fare a meno della parola. Voi come potreste esprimerlo se non con parole che sollevino spiritualmente il malato? Poi andai da uno specialista che, senza tanti complimenti, mi disse che ero tisico, e che avrei avuto sì e no un altro anno di vita. Tornai a casa con la morte nel cuore, rassegnato alla volontà di Dio. E come vedete, ancora sono qui. La profezia dello specialista non si è avverata. Ma tutti i malati non sono come Padre Pio del 1916-17. Portate Dio ai malati; varrà più di qualsiasi altra cura»[82].

Il successivo 8 maggio i congressisti furono ricevuti in udienza dal papa Pio XII che definì l'Ospedale di San Giovanni Rotondo «il frutto di una delle più alte intuizioni, d'un ideale lungamente maturato e perfezionato a contatto con i più svariati e più crudeli aspetti della sofferenza morale e fisica dell'umanità»[83].

L'ospedale era dotato di trecento posti letto, ma il cuore di tutto questo complesso era la cappella, costruita esattamente al centro dell'edificio, per essere «il centro spirituale che irradia la sua forza verso tutti gli altri reparti».

Il primo ammalato fu ricoverato cinque giorni dopo l'inaugurazione, a fine maggio i posti letto occupati erano appena 25.

«La Casa disponeva anche di un'azienda agricola, ai

piedi del Gargano, che forniva latte, uova, pollame, olio e altro. I terreni e la fattoria erano stati donati a Padre Pio».

Il giorno del Corpus Domini, Padre Pio portò in processione il Santissimo per tutti i reparti. Vi tornò altre volte per visitare gli ammalati, per qualche battesimo, per processioni, per assistere a qualche recita o per celebrare la Messa[84].

In breve tempo l'ospedale cominciò a riempirsi di ammalati che venivano anche dai centri vicini.

Dal 1° gennaio 1957 "Casa Sollievo della Sofferenza" non solo aveva tutti i posti occupati, ma si rese necessario aggiungere letti supplementari nelle camere per far fronte alle numerose richieste. Padre Pio comprese che era indispensabile pensare a un ampliamento, ma anche che bisognava dare all'Opera tranquillità e serenità dal punto di vista giuridico. A marzo di quell'anno, seguendo il consiglio di monsignor Giuseppe D'Ercole, docente di Diritto Canonico alla Pontificia Università Lateranense, che aveva studiato la situazione, decise di scrivere al pontefice[85] per proporre di:

> «a) affidare la gestione della Casa Sollievo della Sofferenza alla Congregazione del Terzo Ordine Francescano di Santa Maria delle Grazie di San Giovanni Rotondo (Foggia) che a tal fine gestirà secondo le norme proposte alle lettere b e c. (Tale Congregazione è stata eretta in forma organica dal Padre Generale, con il consenso dell'Ecc.mo Ordinario di Manfredonia ed ha avuto riconoscimento della sua personalità giuridica dal Presidente della Repubblica Italiana con decreto 20 giugno 1955);

b) per attuare la gestione secondo i fini indicati dal sottoscritto alle pie volontà degli oblatori e secondo il mandato affidatogli dalle medesime volontà, poter dirigere la predetta Congregazione in qualità di Direttore (carica che il proponente già possiede, per decreto del Padre Generale emesso in data 25 agosto 1954) e, per Vostro indulto Apostolico, mantener tale ufficio di Direttore vita natural durante;

c) espletare i compiti della predetta gestione mediante l'Opera di Terziari assunti tra i membri del Terzo Ordine predetto, costituiti in comitati consultivi (sanitario, culturale, amministrativo), ferme restando per il Terzo Ordine le regole statutarie per altre attività che il medesimo Terzo Ordine svolgerà al di fuori della Casa Sollievo, in conformità agli scopi dichiarati dall'art. 2 degli Statuti;

d) sistemare la posizione del patrimonio immobiliare mediante deposito delle azioni presso l'Istituto delle Opere di Religione».

Inoltre, Padre Pio chiedeva al papa che, dopo la sua morte, «codesta Sede Apostolica voglia accettare in donazione i beni dell'Opera Casa Sollievo della Sofferenza e, possibilmente, destinarli alla continuazione dell'Opera stessa»[86].
Questa lettera era accompagnata da un allegato, sempre firmato da Padre Pio, nel quale ribadiva la richiesta «di poter depositare presso l'Istituto per le Opere di Religione, con conseguente intestazione, la quasi totalità delle azioni rappresentanti il patrimonio immobiliare della Società

Casa Sollievo della Sofferenza». Inoltre proponeva «che le azioni di cui trattasi, siano depositate a credito di un conto da intestarsi a Padre Pio da Pietrelcina per Casa Sollievo della Sofferenza» e che egli stesso potesse «disporre di detto deposito con tutti i diritti ed in sua vece del medesimo deposito disporrà la Santa Sede». Il documento si concludeva con l'espressa intenzione di «lasciare (con apposito e regolare atto di ultima volontà) alla Santa Sede i valori che domanda di poter depositare e quanto altro fosse in deposito al tempo della sua morte o su altri accesi, anche posteriormente, sul conto in parola»[87].

Il 4 aprile 1957 il sostituto della Segreteria di Stato, monsignor Angelo Dell'Acqua, rispondeva «che Sua Santità, tenuto conto della importanza del complesso ospedaliero di cui si tratta e della nobiltà dei fini a cui esso mira, si è benignamente compiaciuta di accordarLe i favori implorati»[88].

Padre Pio nominò come suo procuratore lo stesso monsignor D'Ercole, che mantenne l'incarico per sei mesi. Alla scadenza del mandato il Fondatore scelse Angelo Battisti, un suo figlio spirituale che era impiegato nella Segreteria di Stato della Santa Sede. Come amministratore unico della Società "Immobiliare", invece, fu scelto il dottor Kisvarday[89].

Il 5 maggio 1957, in occasione del primo anniversario dell'inaugurazione, Padre Pio pronunciò un discorso in cui tracciava profeticamente lo sviluppo della sua Opera terrena, auspicando che essa potesse divenire «tempio di preghiera e di scienza, dove il genere umano si ritrovi in Gesù Crocifisso come un solo ovile, sotto un solo pastore» e dove «ricoverati, medici, sacerdoti saranno riserve di amore, che tanto più sarà abbondantemente in uno, tanto più si comunicherà agli altri». E aggiunse:

> «Da oggi riprendiamo la seconda tappa del cammino da compiere. Il cammino da compiere è questo: l'Opera si raccomanda ancora alla vostra generosità perché divenga una città ospedaliera tecnicamente adeguata alle più ardite esigenze cliniche. La Casa dovrà aumentare il numero dei letti»[90].

Questa era, dunque, la sua volontà, nonostante i debiti ancora da saldare, anche perché i trecento posti erano diventati presto insufficienti.

Il 5 maggio del 1958, si riprese a scavare la montagna, sotto la direzione di Angelo Lupi, richiamato da Battisti. Il 16 luglio Padre Pio benedisse la prima pietra della nuova ala, riversò nello scavo una cucchiaiata di calcestruzzo e firmò la pergamena ricordo che, sigillata in un tubo di piombo e arricchita da tante altre firme, fu interrata accanto alla prima pietra. Ancora una volta la Provvidenza diede ragione al frate. L'opera fu portata a termine gradualmente fino all'agosto del 1966, garantendo il raddoppio dei posti letto[91].

Intanto si pensava anche al futuro. Il 4 ottobre 1960, in base al carteggio intercorso con la Santa Sede nei primi mesi del 1957, Padre Pio firmò un testamento, poi modificato l'11 maggio 1964, per nominare la «Santa Sede, e per essa il Sommo Pontefice pro-tempore, erede universale di tutti i beni mobili ed immobili, di mia proprietà, comunque spettantimi [...] ad esempio Opera di Padre Pio da Pietrelcina Casa Sollievo della Sofferenza»[92].

Il 5 maggio 1966 si festeggiarono i primi dieci anni di vita della Clinica. Alla Messa, presieduta dal cardinale Lercaro, Padre Pio ormai prostrato dall'età e dalla malattia, dovette assistere seduto in mezzo ai suoi confratelli e figli spirituali. Per l'occasione venne diffuso un suo messaggio in cui benediceva «tutti quelli che in qualunque modo hanno cooperato alla nascita e allo sviluppo dell'Opera» e che conteneva un pensiero «particolare ai Gruppi di Preghiera, ormai diffusi nel mondo e qui presenti oggi, in occasione del decennale della "Casa", per il loro secondo Convegno Internazionale. Essi, affiancati alla "Casa del Sollievo", sono le posizioni avanzate di questa Cittadella della carità, vivai di fede, focolai d'amore, nei quali Cristo stesso è presente ogni qual volta si riuniscono per la preghiera e l'Agape Eucaristica, sotto la guida dei loro Pastori e Direttori spirituali». Quindi aggiungeva:

> «È la preghiera [...] che muove il mondo, che rinnova le coscienze, che sostiene la "Casa", che conforta i sofferenti, che guarisce gli ammalati, che santifica il lavoro, che eleva l'assistenza sanitaria, che dona la forza morale e la cristiana rassegnazione alla umana sofferenza, che spande il sorriso e la benedizione di Dio su ogni languore e debolezza»[93].

Due anni dopo, il 23 settembre 1968, Padre Pio terminava il suo pellegrinaggio terreno. Ma prima di morire riuscì ad approvare il progetto di una nuova, grande ala dell'ospedale per portare i posti letto da 600 a 848. I lavori cominciarono il 6 luglio 1969, e terminarono il primo giugno 1973, con l'inaugurazione e la benedizione impartita dal cardinale Mario Nasalli Rocca di Corneliano, che pochi giorni prima papa Paolo VI aveva nominato «Patrono dell'Opera di Padre Pio».

Questa inaugurazione era stata preceduta da notevoli cambiamenti. La Santa Sede nominò amministratore sia della società "Immobiliare" sia per la gestione della clinica il professor Raffaele Politi che continuò a servirsi di Angelo Battisti, come suo delegato, per il coordinamento delle attività sul posto. Quindi, con decreto del 14 aprile 1970, la Segreteria di Stato del Vaticano costituì la «Fondazione di religione e di culto "Casa Sollievo della Sofferenza" – Opera di Padre Pio da Pietrelcina», riconosciuta civilmente il 14 gennaio 1971 con decreto del Presidente della Repubblica. Come primo presidente fu designano monsignor Oreste Vighetti, della Segreteria di Stato[94].

Ulteriori ampliamenti furono avviati nel 1978, dopo l'arrivo del nuovo presidente, monsignor Riccardo Ruotolo. Tra questi, i due più importanti sono stati: l'apertura del complesso della residenza per anziani "Casa Padre Pio" su viale Cappuccini, a poche centinaia di metri dalla clinica, avvenuta il 25 maggio1987[95], e la realizzazione del quarto poliambulatorio[96], intitolato a "Giovanni Paolo II", inaugurato il 1° giugno del 2002[97]. In questa struttura, che si trova su viale Padre Pio, a circa 500 metri dall'ospedale, si svolge la maggior parte dei servizi ambulatoriali e sono stati collocati i reparti di pediatria e di onco-ematologia pediatrica, in ambienti arredati a rendere meno opprimente la degenza dei bambini. Due interi livelli del Poliambulatorio, inoltre, sono stati destinati alla ricerca, con moderni e avanzati laboratori scientifici, utilizzati da personale di provata professionalità, che ha permesso di conseguire importanti risultati nel settore della genetica.

L'impegno di studio, in realtà, era iniziato nel 1991 e ha avuto un'importante occasione di sviluppo nel settembre del 1997, quando il prof. Luigi Gedda donò alla "Casa Sollievo della Sofferenza" l'Istituto Mendel, con sede a Roma che, da quel momento, ha affiancato e integrato il lavoro svolto a San Giovanni Rotondo con una trentina di progetti scientifici[98]. Grazie a questa notevole attività, il 16 luglio 1991, il Ministero della Sanità e quello dell'Università e Ricerca Scientifica hanno attribuito a "Casa Sollievo della Sofferenza" il titolo di Istituto di Ricovero e Cura e Carattere Scientifico, permettendo all'Opera di Padre Pio di realizzare studi nel «campo della genetica, dell'immunologia e delle varie malattie che colpiscono anche per motivi eredo-familiari»[99].

L'ultimo traguardo è stato raggiunto il 13 settembre 2015, con l'inaugurazione dell'Istituto di Medicina Rigenerativa, realizzato accanto al Poliambulatorio e benedetto dal Segretario di Stato di papa Francesco, cardinale Pietro Parolin, finalizzato alla «produzione di cellule staminali umane [...] per sperimentazioni e terapie su pazienti» e allo «studio della genomina e dei meccanismi molecolari» in campo oncologico[100].

Ha avuto, così, completa attuazione il disegno profetico tracciato dal Padre fondatore. «Un Centro di studi intercontinentale», diceva il 5 maggio del 1957, «dovrà coadiuvare i sanitari a perfezionare la loro cultura professionale e la loro formazione cristiana»[101].

3. Il centro di formazione professionale

Il cantiere di "Casa Sollievo della Sofferenza" e, a partire dal 1954, anche quello della nuova chiesa conventuale, riportarono la serenità in tante famiglie ridotte in miseria dalla seconda guerra mondiale. Tuttavia non furono sufficienti a ridurre in maniera significativa l'alto tasso di disoccupazione, particolarmente elevato in tutto il Mezzogiorno d'Italia, San Giovanni Rotondo compresa. Il fenomeno era particolarmente evidente nell'area del convento:

> «Adulti e giovani si assiepavano lungo la scalinata e nel salottino, a volte anche nel corridoio del convento. Si era stabilito un contatto nuovo non solo con la povertà dei padri di famiglia (il Terzordine francescano femminile, nonostante un'azione preziosa di altissima capillarità, evidentemente non poteva arrivare dappertutto) ma a favore di giovani disoccupati o sottoccupati»[102].

Il deprimente fenomeno non passò inosservato agli occhi Padre Pio che, alla prima occasione, si rivolse al Guardiano, padre Carmelo da Sessano del Molise, e gli chiese: «Uagliò, dimmi un po': che vengono a fare tutti questi giovanotti? Prima non si vedevano mai! Che succede?». «Padre», rispose il superiore, «questi giovani, poveretti, sono disoccupati, non trovano lavoro. Vorrebbero lavorare, ma purtroppo!». «Ed allora?», domandò il Cappuccino stigmatizzato con un sorrisetto "malizioso". Padre Carmelo preferì tacere, avendo capito che la risposta che aveva in mente e che stava per dare non era quella giusta. Ma quel silenzio non poteva durare a lungo. «Ed allora», trovò il coraggio di ammettere il Guardiano, «vengono qui a chiedere l'elemosina ed io do loro a chi cinquecento, a chi trecento lire...». Tutto sommato era un'opera di carità. Ma quel sorrisetto di Padre Pio dava a padre Carmelo la forte sensazione di aver detto qualcosa di sbagliato. E, in effetti, non riuscì neppure a terminare la sua risposta. Il suo interlocutore sgranò gli occhi e quasi gridò: «Come, giovani di vent'anni che chiedono l'elemosina! E questi quando lavoreranno per guadagnarsi il pane? A vent'anni l'elemosina! Sicché i poveri genitori, che dovrebbero essere aiutati da loro, si trovano nelle condizioni di dover dare da mangiare ai figli di vent'anni! Lavorassero! Lavorassero!». «La buona volontà c'è», provò a giustificarli padre Carmelo, «ma il lavoro manca». Ma Padre Pio non volle sentire ragioni e suggerì, col tono che faceva sembrare il suggerimento quasi un comando: «Insegna loro un'arte o un mestiere! Devono lavorare e guadagnarsi il pane! Va' a Roma dai nostri amici e fa' qualcosa»[103].

Tra i due c'era un patto, reso noto dopo la morte del frate carismatico dal suo ormai ex Guardiano:

«La sera del mio arrivo a San Giovanni Rotondo, 10 ottobre 1953, come superiore del convento, ebbi un confidenziale colloquio con lui, che è la chiave di volta dei nostri rapporti interpersonali.

[...] Quella sera gli dissi con chiarezza che ero andato, sebbene a malincuore, non come "suo superiore", ma come suo "figlio spirituale" ed inoltre che vi restavo solo a quella condizione, per cui lo pregavo di dirmi sempre quello che gli faceva piacere e quello che gli faceva dispiacere.

Egli accettò questa mia proposta con evidente difficoltà e disagio, ed infatti, in più occasioni, dovetti richiamarlo al patto»[104].

Pertanto quel desiderio di Padre Pio, divenne un ordine per padre Carmelo che, senza attendere nuove sollecitazioni, «si mosse alla ricerca di un Ente che si dedicasse alla qualificazione dei giovani e "scovò" Emilio Bevilacqua, proprietario dell'albergo S. Maria delle Grazie, che conosceva l'avv. Giuseppe Bersani, cattolico praticante e fratello dell'ingegnere Saverio, dirigente a Roma dell'INAPLI, Istituto Nazionale Addestramento Professionale Lavoratori Italiani». Tramite quest'ultimo, il Guardiano dei Cappuccini di San Giovanni Rotondo riuscì a far pervenire la sua richiesta sul tavolo del presidente dell'Istituto, Marcello Valentini, che si mostrò favorevole alla proposta, ma pose una condizione, spiegando che «la direzione di un centro INAPLI non poteva essere affidata a un frate». Quando lo seppe Padre Pio, la sua risposta fu netta: «Neppure per sogno bisogna accettare questo Ente». Egli, infatti, non solo «voleva dei religiosi a dirigere le opere a favore dei giovani», ma desiderava anche che il centro fosse «religioso e francescano insieme [...] perché bisognava formare l'uomo non soltanto nei valori umani ma anche in quelli spirituali e cristiani».

Padre Carmelo, quindi, si rivolse all'«Ente Meridionale di Cultura Popolare, il cui presidente era l'onorevole Michele Troisi, che fu felicissimo di avviare con proprie attrezzature l'attività del Centro con a capo un religioso». Inoltre si recò a Roma, insieme al ministro provinciale, padre Agostino da San Marco in Lamis, per incontrare il Procuratore generale dell'«Istituto dei Terziari Cappuccini dell'Addolorata»[105], che «si dedicava all'istruzione tecnica della gioventù sotto la guida di padre Urbano Lapuente». I due «esaminarono le Costituzioni e compresero che avevano trovato la soluzione per San Giovanni Rotondo», non solo per la formazione professionale, ma anche per «la Parrocchia di Sant'Onofrio, alla periferia del paese, verso il cimitero», che era provvisoriamente affidata alla cura pastorale dei Cappuccini. Così «l'arcivescovo della Diocesi di Manfredonia, monsignor Andrea Cesarano, accettò che i nuovi frati creassero nell'ambito del rione Sant'Onofrio il Centro di Formazione Professionale e curassero anche la parrocchia».

Il primo novembre 1957 arrivò padre Domenico Serini che, 16 giorni dopo, prese possesso della parrocchia e, contemporaneamente, affiancò padre Carmelo nelle attività di fondazione del centro di formazione professionale. All'inizio non aveva neppure un alloggio autonomo e dimorò provvisoriamente nel convento dei frati minori

Cappuccini. Successivamente «furono affittati tre locali da un privato» in cui si tennero i primi corsi per saldatori e meccanici aggiustatori. Con l'arrivo di altri due terziari Cappuccini dell'Addolorata, padre Giovanni Caravaggio e padre Francesco Galante, si formò la prima comunità e, finalmente, il 27 gennaio 1958, ci fu l'inaugurazione ufficiale del Centro intitolato a san Giuseppe artigiano che, sette mesi dopo, al termine dei primi corsi, fu visitato dal ministro del Lavoro, Luigi Gui.

Presto si aggiunsero altri corsi per ulteriori qualificazioni professionali: carpentieri edili, ferraioli, tipografi e i locali provvisori divennero insufficienti. Padre Carmelo e padre Domenico «avevano saputo che un caro amico del frate delle stimmate, Tonino Lecce, possedeva un ampio terreno nella zona così detta del "Travaglio" che era disposto a cedere e che grazie anche ai buoni uffici di un altro [...] amico, Nicola Fini», fu acquistato «ad un prezzo simbolico». Del progetto si occupò l'ing. Saverio Bersani e, grazie a ulteriori aiuti della Provvidenza, che permise il reperimento dei fondi necessari, «in appena tre anni, la costruzione venne realizzata ed il trasferimento avveniva in modo graduale, occupando ora un'ala, ora un'altra», sebbene gli ultimi lavori di rifinitura furono eseguiti nel 1965. Nel frattempo alcuni giovani formati a San Giovanni Rotondo, dopo essere stati «esaminati da una Commissione del lavoro tedesca», avevano ottenuto un «contratto di lavoro [...] in Germania», mentre altri venivano assunti nelle fabbriche «di alcuni industriali dell'Italia del Nord, che venivano [...] in pellegrinaggio da Padre Pio».

Ogni anno si aggiungevano nuovi corsi e, nei primi venticinque anni, conseguirono «la qualifica professionale ben 3454 allievi» in 17 ambiti formativi[106].

Dopo aver superato, a metà degli anni Settanta, una «situazione critica, soprattutto per le difficoltà provenienti dalla Regione Puglia», pochi anni dopo «l'evoluzione della società e le innovazioni legislative in fatto di Formazione Professionale» indussero «il Centro di Addestramento a costituirsi come ITCA/FAP (Istituto Terziari Cappuccini dell'Addolorata/Formazione Aggiornamento Professionale), ma «il cambio di denominazione» non ha inciso «più di tanto sugli elementi di crisi», come non ha inciso la ricostituzione dell'ITCA/FAP come Onlus, avvenuta nell'aprile del 1998. Solo riducendo l'attività formativa e affittando, dal 2002, parte dei locali all'Istituto Tecnico Commerciale Statale, il Centro è riuscito a ritrovare l'equilibrio economico e a garantirsi la sopravvivenza[107].

Quando era in vita, periodicamente Padre Pio riceveva quei giovani che si preparavano a diventare lavoratori qualificati, ai quali raccomandava: «Uè, guaglioni, ricordatevi che prima di diventare buoni operai, occorre diventare buoni cristiani»[108].

4. Gli asili

Quando padre Carmelo arrivò a San Giovanni Rotondo, nel 1953, «la zona chiamata "Santa Croce" viveva, allora, un notevole incremento abitativo anche se nell'indifferenza generale. Come sempre e in ogni dove, chi subiva i maggiori danni da tale stato di cose erano le fasce deboli e i bambini. Per questi ultimi esisteva una sola scuola materna», gestita dalle suore Adoratrici del Sangue di Cristo, «posta nella parte alta del paese e del tutto insoddisfacente per ubicazione, struttura e funzionalità rispetto alle esigenze di un paese in crescita».

Padre Pio suggerì «che occorreva muoversi per risolvere le varie problematiche» a un preoccupato padre Guardiano che «mancava di esperienza perché sino a quel momento non si era mai interessato di problemi sociali ed ancora meno "sapeva far di conto"». Ma queste difficoltà furono compensate dall'aiuto di Nina Campanile che «aveva conosciuto tempo addietro madre Eleonora Foresti, fondatrice dell'Istituto delle Suore Francescane Adoratrici, Istituto che Padre Pio aveva ispirato e di cui era, con la Madre, costatuitore delle Regole del sorgendo Ordine». L'insegnante sangiovannese, quindi, ebbe l'idea di chiamare queste suore «a dirigere la prima casa materna, in zona Santa Croce», così padre Carmelo «cedette alle pressanti richieste soprattutto di quel suo frate, ma anche della stessa signora Campanile [...] nonostante i tanti dubbi che lo attanagliavano», destinati a dissolversi nel riconoscere «l'opera del Signore, sommo ispiratore di ogni cosa e nel contempo sommo risolutore di ogni problema».

Ottenuta l'autorizzazione dell'arcivescovo, monsignor Andrea Cesarano, si pose il problema «di trovare l'immobile [...] da adibire a casa materna e pur cercandolo non lo si trovava». Solo «nella primavera del 1955 si concretizzò l'acquisto di un terreno ubicato proprio nella zona "Santa Croce" e grande fu la felicità di tutti, ma soprattutto di Padre Pio, il quale offriva al Signore le sue grandi sofferenze corporali». Il denaro necessario fu messo a disposizione dal convento e, «di fronte alle necessità sociali impellenti e all'insistenza santa di Padre Pio, nessuno contrastò l'acquisto». Era solo il primo passo. I tempi necessari per realizzare la struttura apparivano troppo lunghi mentre, nel frattempo, «i residenti del quartiere "Santa Croce" aumentavano a gettito continuo in modo quasi esponenziale, mentre i bimbi che avevano urgenza di un intervento erano diventati circa duecento». La coscienza di padre Carmelo, a questo punto, si trovò dinanzi a un bivio: la strada della legalità e quella della carità. Scelse la seconda e «pensò di sostituire l'edificio ancora in costruzione, con una struttura "leggera" da adibirsi a scuola materna sia pure momentanea… ma abusiva». Così, in un surrogato di immobile, «venne aperta la prima Scuola Materna che fu chiamata "Santa Maria delle Grazie"», priva di «tutte le autorizzazioni degli Enti statali e comunali» e senza neppure le suore, per cui a prendersi cura dei primi 132 alunni fu il «Terz'Ordine Francescano affidato, allora, alla signora Filomena Fini che il padre non esitava a definire "dinamica ed infaticabile". Intanto l'esecutore della volontà del santo Cappuccino cominciava «a chiedere aiuti e sussidi a destra e a manca. […] Solo nella seconda metà del 1956 arrivò l'autorizzazione al funzionamento della scuola da parte del Provveditorato agli Studi di Foggia e quasi contemporaneamente venne comunicato l'imminente arrivo delle Suore», mentre l'immobile da destinare all'asilo era ancora in costruzione[109].

Mentre la prima scuola materna semiabusiva era già in funzione, si pose un problema ancora più complesso in un'altra zona del paese: il quartiere di Sant'Onofrio, dove «i Protestanti avevano costruito un luogo di culto ed un asilo in favore dei bambini», a cui insegnavano «l'odio contro la chiesa e, specie, per istigazione satanica, contro la Madonna», dicendo loro che «i santi sono pezzi di legno» e che «la Vergine SS.ma ebbe tanti figli». Per questo, un giorno, rivolgendosi a padre Carmelo, gli disse: «Hai saputo cosa sta succedendo nel paese e particolarmente nel rione Sant'Onofrio?». Il Guardiano «rispose di non saper nulla anche perché la zona [...] apparteneva pastoralmente alla Chiesa madre», ma quando si rese conto personalmente della situazione «si recò dal vescovo della Diocesi, Andrea Cesarano, per avere le autorizzazioni e far nascere un'opera sociale cattolica che prevedeva, non solo la seconda scuola materna, ma anche la formazione professionale per taglio e cucito per la gioventù femminile». Anche in questo caso l'attività fu iniziata dal «Terz'Ordine Francescano del paese», «in una sede provvisoria», mentre la direzione fu affidata provvisoriamente «ad una suora francescana adoratrice, il cui Istituto già operava nella zona Santa Croce, in attesa di una soluzione definitiva». Era il 7 novembre 1956. Contemporaneamente si ottenne la disponibilità all'arrivo, dalla Sicilia, di un gruppo di «Suore Cappuccine del Sacro Cuore, aperte al sociale, brave nelle attività educative e didattiche con l'infanzia e la gioventù femminile». Fu Padre

Pio a convincere la madre generale, giunta a San Giovanni Rotondo, consigliandole di «togliere un quarto delle suore da ciascuna casa» e spiegandole che «è volontà di Dio che si apra questa casa». Dopo l'arrivo delle suore, l'8 dicembre dello stesso anno, si svolse una cerimonia «privata» per l'inizio del loro apostolato nella scuola materna "San Francesco d'Assisi", mentre quella pubblica avvenne il 17 dicembre, lo stesso giorno in cui fu inaugurato anche l'asilo intitolato a "Santa Maria delle Grazie". In entrambe le circostanze furono presenti il grande Ispiratore delle due opere e l'arcivescovo Cesarano. Nel viaggio di rientro, sulla Fiat 1100 che li aveva accompagnati, Padre Pio, ancora frastornato per quella grande festa, disse a padre Carmelo: «Ma che hai combinato!...». E, mentre pronunciava queste parole, «rideva contento e soddisfatto...».

«L'apertura della nuova scuola materna segnò l'arresto delle attività delle altre religioni nella zona di Sant'Onofrio e infatti già nei primi giorni tanti, anche di fede diversa, iscrissero i propri figlioli al nuovo asilo» e «nello spazio di alcuni mesi i Protestanti furono costretti a chiudere definitivamente il loro asilo» per aprirlo in un'altra zona del paese. Presto la «sede provvisoria» si rivelò incapace di far fronte alle «iscrizioni continue alla nuova scuola materna» che «raggiunsero e oltrepassarono le duecento unità, mentre i posti a disposizione erano molti di meno». Fidandosi della Provvidenza, il 16 gennaio 1957, la superiora generale delle Cappuccine del Sacro Cuore, suor Aurelia di Maria Ausiliatrice, firmò il contratto di acquisto del palazzo della famiglia Giuva, che sorgeva nei pressi della chiesa di

Sant'Onofrio, «con oltre 4 mila mq. di terreno antistante» e che «venne ristrutturato con operazione lampo», in «meno di due mesi per riadattarlo [...] ad abitazione delle suore e delle orfanelle al primo piano», poiché le religiose avevano aperto, subito dopo il loro arrivo, l'«8 dicembre, un orfanotrofio per la salvezza morale per tanti bambini abbandonati e derelitti»[110]. Invece il piano terra fu reso idoneo ad ospitare «scuola materna, laboratorio, cappella, parlatorio e servizi». Il 4 febbraio, inoltre, fu inaugurato un laboratorio, denominato "Santa Chiara", in cui «venivano istruite nelle arti e mestieri del taglio, cucito e ricamo, le giovani donne della zona» e, nello stesso giorno, «venne benedetto quello delle Suore Francescane Adoratrici nella zona di Santa Croce, intitolato a Santa Veronica Giuliani»[111].

I protestanti, dopo aver chiuso l'asilo nella zona di Sant'Onofrio, lo riaprirono «nell'ultima zona rimasta libera e indifesa, nel rione "Case nuove" ad occidente del paese». Avendo constatato la sua particolare capacità, ancora una volta Padre Pio e l'arcivescovo Cesarano si rivolsero a «padre Carmelo per la fondazione di una terza scuola materna francescana». Il guardiano, nel giugno del 1957, si recò a Pietradefusi, in provincia di Benevento, per incontrare le Suore Francescane Immacolatine che «accettarono entusiaste la proposta e si dichiararono onorate di essere invitate a San Giovanni Rotondo», ma «vennero fuori, more solito, le difficoltà finanziarie». Anche questa volta si sperò «nell'aiuto della Provvidenza». Dopo pochi giorni, pressato dal suo santo confratello, padre Carmelo, insieme al vicario ed economo della Fraternità, padre Raffaele da

Sant'Elia a Pianisi, incontrò il proprietario di un terreno, pattuì il prezzo e, subito dopo, fece predisporre un progetto «a tempo di record». Il contratto fu firmato dalla «Madre Generale delle Suore Immacolatine», ma il convento anticipò «una certa somma, il resto da pagare in due rate semestrali, fu pagato dall'Istituto delle religiose. Ancora una volta, in attesa della costruzione dell'edificio, il «bisogno urgente» indusse a «prendere in affitto dei locali più o meno sufficienti ed idonei», dove presero alloggio le suore e dove furono avviate le attività della scuola materna e di un «laboratorio di taglio e cucito». «Il 7 novembre 1957 arrivarono le prime suore francescane immacolatine, guidate dalla Madre Generale», che furono ricevute da Padre Pio, da cui furono esortate «a fare sempre più e meglio, al servizio del Signore e della Vergine Immacolata». Due mesi dopo, lo stesso giorno in cui fu inaugurato il Centro di addestramento professionale, furono benedetti anche la scuola materna "Pace e bene" e l'annesso laboratorio. I «nuovi locali» furono completati nel 1959[112].

5. La cooperativa di consumo "San Francesco"

Il rione di Sant'Onofrio era stato denominato, dai sangiovannesi "Stalingrado", perché molti degli abitanti del quartiere erano iscritti al Partito Comunista che, in questa zona, avevano anche «fondato una fiorente cooperativa di consumo, che offriva merce a prezzi molto bassi», tanto da essere frequentata da «molti cattolici»[113].

C'era il rischio che questi potessero essere "contagiati" dall'ideologia marxista, materialista e anti-religiosa. E non era solo un sospetto:

> «Radio Praga incitava alla lotta ed alla vittoria con continui richiami di propaganda e con lo slogan: "Bisogna vincere a tutti i costi a S. Giovanni Rotondo, dove c'è il così detto monaco santo"»[114].

Ecco perché Padre Pio suggerì a padre Carmelo: «Fai una cooperativa tutta nostra».

Anche in questo caso il Guardiano del convento obbedì al suo "suddito" e, con l'aiuto di «un gruppo di figli spirituali del Padre», nel giugno del 1955 nacque una cooperativa di consumo cattolica, che decollò in pochissimo tempo:

> «In meno di due anni il giro di affari diventò cospicuo con un bilancio di qualche milione di lire che in quel tempo sembravano tanti. Con quei guadagni fu possibile distribuire un numero straordinario di buoni viveri, capaci di alleviare la miseria di tanti bisognosi, in nome di quel Padre Pio che rimane l'immagine vivente della carità cristiana»[115].

Note al capitolo IV

1. Cfr. «*Lettera di Padre Pio a Padre Benedetto* del 26 marzo 1914», P. da Pietrelcina, *Epistolario*, M. da Pobladura, A. da Ripabottoni (Ed.), Edizioni Padre Pio da Pietrelcina, San Giovanni Rotondo (FG) 1995, vol. I, pp. 462-463.

2. Anonimo, «I "miracoli" di un Cappuccino a S. Giovanni Rotondo», in *Il Giornale d'Italia*, anno XIX, n. 123, 9 maggio 1919, quarta edizione.

3. Argo, «Il "Santo" di S. Giovanni Rotondo», in *il Foglietto*, anno XXII, n. 20, 25 maggio 1919.

4. È evidente il lapsus dell'estensore, che certamente non era del luogo, avendo confuso Foggia con San Giovanni Rotondo.

5. Traduzione da F. Tuohy, «The friar of Foggia», in *Daily Mail*, 19 giugno 1920, p. 4.

6. Cfr. F. Castelli, *Padre Pio e il Sant'Uffizio (1918-1939). Fatti, protagonisti, documenti inediti*, Edizioni Studium, Roma 2011, p. 67.

7. «Lettera di Padre Pio a padre Benedetto del 14 giugno 1920», in *Epistolario*, cit., vol. I, pp. 1170-1171.

8. «Lettera di padre Benedetto a Padre Pio del giugno 1920», in *Epistolario*, cit., vol. I, p. 1172.

9. M. Capuano, «Precedenti del sollievo della sofferenza a San Giovanni Rotondo», in *La Casa Sollievo della Sofferenza*, anno XV, n. 5, 1-15 marzo 1964, p. 4.

10. Cfr. *ibidem*.

11. F. Morcaldi, *San Giovanni Rotondo nella luce del francescanesimo*, Tipografia Grafiche Gitto, Foggia 2004, p. 20.

12. Cfr. A. Fabrocini, «Relazione al Consiglio d'Amministrazione della Congrega di Carità di San Giovanni Rotondo», 9 aprile 1922, in *Positio super virtutibus*, cit.,vol. III/1, pp. 464 e 465. «*Lu Monte*, detto anche *Monte frumentario Cavaniglia*, era stato istituito nell'anno 1679 dal duca *don Geronimo Cavaniglia e dalla Università di San Giovanni Rotondo* ed aveva il compito di aiutare i contadini – cittadini bisognosi con il prestito di tomoli di frumento, anche a titolo gratuito» (S.A. Grifa, *I luoghi della memoria di San Giovanni Rotondo – Storia e Toponomastica*, Edizioni Gargaros, San Giovanni Rotondo (FG) 2011, p. 94). «Il Monte frumentario, con le sue poco lodevoli gemmazioni, cessava di esistere nel 1876» (*ivi*, p. 95).

13. «Delibera n. 140», in *Registro delle deliberazioni della Congregazione di Carità (20 settembre 1914 – 19 aprile 1926)*, in Archivio Storico del Comune di San Giovanni Rotondo.

14. Cfr. «Delibera n. 154, Verbale della riunione della Congregazione di Carità», 29 ottobre 1922, in ASCSGR.

15. «Verbale della Commissione per l'Ospedale civile», 3 gennaio 1923, in ASCSGR, Categoria 2, Classe 2, Fascicolo 1, Cartella n. 14 (1924-1925).

16. «Delibera n. 273», in *Registro delle deliberazioni della Congregazione di Carità*, in ASCSGR. Cfr. anche G.G. Siena, *Padre Pio e S. Giovanni Rotondo nei disegni della Provvidenza*, Bastogi, Foggia 2002, pp. 141-142.

17. «Delibera n. 317», in *Registro delle deliberazioni della Congregazione di Carità*, in ASCSGR.

18. Cfr. *Positio super virtutibus*, cit., vol. III/1, p. 466.

19. Cfr. F. Morcaldi, *San Giovanni Rotondo alla luce del francescanesimo*, cit., p. 21.

20. In data 8 febbraio 1929 la Congregazione della Carità «delibera sia nominato direttore di questo Ospedale, in luogo del compianto Giuva Dottor Francescantonio, il Dottor Merla Angelo Maria fu Matteo» e «che in luogo del Dottor Merla Angelo Maria promosso Direttore sia nominato Vice Direttore di questo Ospedale, il Sig. Morcaldi Tommaso fu Antonio», entrambi «per anni due, dal Gennaio ultimo, al Dicembre 1930, salvo conferma nel modo di legge» («Delibere n. 151 e 152», in *Registro delle deliberazioni della Congregazione di Carità*, in ASCSGR).

21. Cfr. *ibidem*.

22. Fondate dalla serva di Dio Clelia Merloni.

23. Fondate da santa Maria de Mattias.

24. Cfr. *Positio super virtutibus*, cit., vol. III/1, p. 467.

25. Minuta della lettera del podestà Bramante al Presidente della Congregazione di Carità, 7 novembre 1931, in ASCSGR n. 476.

26. Minuta della lettera del podestà Bramante al sig. Centra Michele di Antonio, 9 novembre 1931, in ASCSGR, n. 9932.

27. Risposta alla nota del presidente della Congregazione di Carità al Podestà, prot. n. 104, 22 novembre 1931, in ASCSGR, Categoria 2, Classe 2, Fascicolo 1, Cartella n. 14 (1924-1925).

28. Lettera del Prefetto di Foggia al Signor Podestà di San Giovanni Rotondo, 28 novembre 1931, doc. 2/2 n. 35814, in ASCSGR, Categoria 2, Classe 2, Fascicolo 1, Cartella n. 14 (1924-1925).

29. Minuta della lettera del podestà Bramante a S. E il Prefetto di Foggia, 12 novembre 1931, in ASCSGR, n. 9902.

30. Risposta alla nota del Presidente della Congregazione di Carità al Sindaco e Consiglieri Comunali di San Giovanni Rotondo, prot. n. 1046, 8 dicembre 1925, fg. 2, in ASCSGR, Categoria 2, Classe 2, Fascicolo 1, Cartella n. 14 (1924-1925).

31. G.G. Siena, *Padre Pio e S. Giovanni Rotondo nei disegni della Provvidenza*, cit, p. 145.

32. *Ivi*, p. 147.

33. Dati dell'Istituto Nazionale di Geofisica e Vulcanologia (www.ingv.it).

34. Secondo *La Gazzetta del Mezzogiorno* (anno XV, 19 luglio 1937, p. 2) a San Severo il terremoto del 17 luglio provocò danni e feriti, di cui due gravi, mentre «nei Comuni vicini la scossa è stata appena avvertita, e lievi danni con lesioni ai fabbricati si sono verificati solo a San Paolo di Civitate e a Serracapriola, e lungo la linea ferroviaria San Severo-Termoli».

35. R. da Sant'Elia a Pianisi, «Accenni su episodi più rilevanti riguardanti la vita del Padre Pio da Pietrelcina», in CP, vol. XXX, p. 2390.

36. Cfr. *ibidem*.

37. Si tratta di una parte dell'area dove oggi sorge "Casa Sollievo della Sofferenza".

38. Cfr. R. da Sant'Elia a Pianisi, «Accenni su episodi più rilevanti riguardanti la vita del Padre Pio da Pietrelcina», in CP, vol. XXX, p. 2390; *Positio super virtutibus*, vol. III/1, p. 468.

39. «Diario di Mario Sanvico», in G. Leone, *Padre Pio e la sua Opera*, cit., pp. 41 e ss.

40. Cfr. F. Chiocci, L. Cirri, *Padre Pio. Storia di una vittima*, cit., vol. II, p. 21. Un *dépliant* degli anni Cinquanta riporta quasi integralmente le parole pronunciate da Padre Pio quella sera: «I mali sono figli della colpa, del tradimento che l'uomo ha perpetrato verso Dio... Ma la misericordia di Dio è grande... un solo atto di amore dell'uomo verso Dio ha tanto valore ai suoi occhi ch'Egli stimerebbe ben poca cosa il ripagarlo col dono di tutta la creazione... L'Amore non è altro che la scintilla di Dio negli uomini... l'essenza stessa di Dio impersonata nello Spirito Santo... Noi, povere creature, dovremmo dedicare a Dio tutto l'Amore di cui siamo capaci... Il nostro amore, per essere adeguato a Dio, dovrebbe essere infinito, ma purtroppo solo Dio è infinito... Tuttavia dobbiamo impiegare tutte le nostre energie nell'amore, così che Signore un giorno possa dirci: "Avevo sete e tu mi hai dissetato; avevo fame e tu mi hai sfamato; soffrivo e tu mi hai consolato...". L'uomo che, superando se stesso, si china sulle piaghe del fratello sventurato eleva al Signore la più bella, la più nobile preghiera, fatta di sacrificio, di amore vissuto e realizzato, di dedizione in corpo in spirito... In ogni uomo ammalato vi è Gesù che soffre! In ogni povero vi è Gesù che langue! In ogni ammalato povero vi è due volte Gesù che soffre e langue!» (G. Leone, *Padre Pio e la sua Opera*, cit., p. 48).

41. Cfr. *ivi*, p. 44.

42. Cfr. *ibidem*.

43. Cfr. *ivi*, p. 38.

44. È il titolo di un articolo, non firmato, comparso su *La Gazzetta del Mezzogiorno* il 13 gennaio 1940, a p. 5, in cui si comunicava che «da tre giorni piove ininterrottamente».

45. Sull'argomento cfr. anche: Anonimo, «Il crollo del ponte ferroviario sul torrente Carapelle», in *La Gazzetta del Mezzogiorno*, 19 gennaio 1940, p. 3; Anonimo, «Il maltempo in Capitanata», in *ivi*, 25 gennaio 1940, p. 5; Anonimo, «Le inondazioni in Capitanata», in *ivi*, 26 gennaio 1940, p. 3; Anonimo, «Le inondazioni in Capitanata», in *ivi*, 27 gennaio 1940, p. 5; Anonimo, «Per le alluvioni nelle varie Zone del Tavoliere», in *ivi*, 7 febbraio 1940, p. 5.

46. Estratto dal Registro delle Deliberazioni del Sindaco di San Giovanni Rotondo, Delibera n. 87 del 2 settembre 1944 avente per oggetto: «Riparazioni urgenti agli immobili di proprietà comunale destinati all'Ospedale civile – Storno di fondi», in Archivio di Stato di Foggia, Prefettura, II versamento, II serie, busta 84, fascicolo 2.43.19, fg. 1.

47. Cfr. «Delibera n. 123» del 24 agosto 1940, in *Registro delle Deliberazioni del Podestà dal 15-6-1940 al 23-4-1942*, pp. 57 e ss.

48. Prima dell'entrata dell'Italia nel conflitto era già stata raccolta la somma di «un milione e mezzo» di lire che, «per evitare un deprezzamento della moneta» fu investita nell'acquisto di una tenuta a Lucera», in provincia di Foggia (cfr. G. Leone, *Padre Pio e la sua Opera*, cit., p. 45).

49. Cfr. *Positio super virtutibus*, cit., vol. III/1, pp. 471 e ss.

50. Erano: «il dottor Guglielmo Sanguinetti, il dottor Carlo Kisvarday, il sacerdote Giuseppe Orlando, la dottoressa ingegnere Eleonora Figna, il dottor Guglielmo Panicali, il signor Pasquale De Meis [...], il dottor Sanvico. E poi Angela Serritelli, una delle prime seguaci di Padre Pio; il conte John Telfener, Mario Cacciaglia di Sulmona; il marchese Giambattista Sacchetti, vecchio amico di Padre Pio [...]. C'erano poi il marchese Bernardo Patrizi, l'avvocato Daniele Ungaro, l'avvocato Giovanni Pennelli e altri» (G. Leone, *Padre Pio e la sua Opera*, cit., p. 51).

51. Cfr. *ivi*, p. 49.

52. Cfr. *ivi*, p. 51; *Positio super virtutibus*, cit., vol. III/1, p. 473.

53. Cfr. G. Orlando, «Profeta. Storia della chiesa e del convento di Pietrelcina», ds, p. 49.

54. *Ivi*, p. 58.

55. Cfr. G. Leone, *Padre Pio e la sua Opera*, cit., p. 48.

56. Acronimo di *United Nations Relief and Rehabilitation Administration* (Amministrazione delle Nazioni Unite per l'assistenza e la riabilitazione). Si tratta di un'organizzazione umanitaria internazionale costituita dall'ONU nel 1943 per l'assistenza economica e civile alle popolazioni danneggiate dalla seconda guerra mondiale.

57. Cfr. *Positio super virtutibus*, cit., vol. III/1, p. 475.

58. Nato l'11 dicembre 1882 a New York, era morto nella stessa città, di cui era stato sindaco, il 20 settembre 1947. Era figlio di Achille La Guardia, un musicista emigrato dalla natia Cerignola (in provincia di Foggia) e di Irene Coen Luzzatto, un'ebrea italiana originaria di Trieste.

59. Cfr. G. Leone, *Padre Pio e la sua Opera*, cit., p. 56.

60. Al riguardo sono state formulate solo ipotesi, non suffragate da alcuna documentazione.

61. Cfr. S. Luzzatto, *Padre Pio. Miracoli e politica nell'Italia del Novecento*, Einaudi, Torino 2007, p. 304.

62. Cfr. *ivi*, p. 307.

63. Cfr. «Memoriale di Sirio Giametta (prima parte)», in P. Scarano, «Padre Pio mi disse: "Costruisci un ospedale per me"», in *Gente*, anno XLI, n. 13, 1° aprile 1997, pp. 87 e ss.

64. Cfr. «Memoriale di Sirio Giametta (seconda parte)», in P. Scarano, «Il Frate guidò la mia mano per costruire l'ospedale», in *Gente*, anno XLI, n. 14, 8 aprile 1997, p. 57.

65. Il futuro primario di Pediatria di Casa Sollievo della Sofferenza.

66. F. Lotti, *Padre Pio nella mia vita, quando lo straordinario era quotidiano*, Luciano Lotti (Ed.), Edizioni Padre Pio da Pietrelcina, San Giovanni Rotondo (FG) 2015, pp. 96 e ss. Una fonte autorevole, ma che non cita documenti né testimonianze, sostiene che il progetto «era firmato dall'ingegner Candeloro», ma «venne fuori che l'aveva fatto un uomo chiamato Angelo Lupi. Non era un ingegnere, non era un geometra. Ma il suo disegno convinceva, si prestava alla natura del luogo. Così fu scelto quello, e venne chiamato lui stesso a dirigere i lavori» (G. Leone, *Padre Pio e la sua Opera*, cit., p. 69).

67. Nello stesso anno «un operaio italo-americano mandò alla Casa alcuni dollari, pregando di destinarli agli ammalati poveri. Gli amministratori si commossero molto a quell'offerta, poi pensarono: "Se formassimo un fondo apposta per quelli che non hanno soldi?". Il fondo venne costituito e gli fu dato il nome dell'operaio italo-americano che per primo aveva pensato agli ammalati poveri: fondo Mario Gambino. L'operaio fu molto contento quando seppe questo e mandò altri dollari, e altri ne mandarono i suoi dieci figli» (Anonimo, «Il fondo "Gambino"», in *La Casa Sollievo della Sofferenza*, anno IV, n. 12, 16-30 giugno 1953, pp. 1-2).

68. Cfr. G. Leone, *Padre Pio e la sua Opera*, cit., pp. 69 e ss.

69. Cfr. *ivi*, p. 88.

70. Cfr. Giesse, «Festa di famiglia», in *La Casa Sollievo della Sofferenza*, anno V, n. 15-16, 1-31 agosto 1954, p. 2.

71. Cfr. G. Leone, *Padre Pio e la sua Opera*, cit., p. 95.

72. D. Serini, *Padre Pio e le opere sociali*, Edizioni Pugliesi "Eremo Santa Maria delle Grazie", Acquaviva delle Fonti (BA) 2004, p. 93.

73. Intervista al professor Francesco Lotti, rilasciata all'autore il 29 aprile 2006.

74. Cfr. G. Leone, *Padre Pio e la sua Opera*, cit., pp. 95 e ss.

75. Cfr. *infra*.

76. Cfr. *Positio super virtutibus*, cit., vol. III/1, pp. 494 e ss.

77. L'incarico di Galletti durò appena tre mesi a causa di contrasti con Lupi e con gli altri dirigenti dell'Opera. Anche il suo successore ebbe contrasti con Lupi, ma li risolse licenziandolo e sostituendolo nella direzione dei lavori con l'ing. Giannangeli di Pescara (cfr. G. Leone, *Padre Pio e la sua Opera*, cit., pp. 102-103).

78. Cfr. *ivi*, pp. 100 e ss; *ivi*, p. 116.

79. Cfr. Anonimo, «Si è spento Mario Sanvico», in *La Casa Sollievo della Sofferenza*, anno VI, n. 9, 1-15 maggio 1955, p. 2.

80. G. Leone, *Padre Pio e la sua Opera*, cit., p. 108. «Parlarono anche: il marchese Sacchetti, l'ingegner Ghisleri, il sindaco di San Giovanni Rotondo Francesco Morcaldi, il professor Nylin, presidente della Società Europea di Cardiologia, e infine il dottor Giovanni Gigliozzi» (*ibidem*).

81. Cfr. *ivi*, p. 111.

82. *Ibidem*.

83. Cfr. *ivi*, pp. 112-113.

84. Cfr. *ivi*, p. 116; *ivi*, p. 120 e p. 143.

85. Cfr. *ivi*, p. 126.

86. F. Chiocci, L. Cirri, *Padre Pio. Storia di una vittima*, cit., vol. III, pp. 255-256.

87. *Ivi*, p. 257.

88. *Ivi*, pp. 258 e ss.

89. cfr. G. Leone, *Padre Pio e la sua Opera*, cit., p. 132.

90. *Ivi*, pp. 127-128.

91. Cfr. *ivi*, pp. 132 e ss. L'ultimo reparto del primo ampliamento, quello di otorinolaringoiatria, fu aperto il primo agosto 1966, dopo l'arrivo del primario designato, il prof. Graziano Pretto, proveniente dall'Università di Padova e allievo del prof. Michele Arslan (la notizia è stata fornita direttamente dal prof. Pretto all'autore in un colloquio del 13 agosto 2015).

92. «Versione del 1964», in G. Pagnossin, *Il calvario di Padre Pio*, Tipografia Maffeo Suman, Conselve (PD) 1978, vol. II, p. 217. Per un approfondimento sulla questione cfr. S. Campanella, *Obœdientia et pax. La vera storia di una falsa persecuzione*, cit., pp. 162 e ss.

93. G. Leone, *Padre Pio e la sua Opera*, cit., p. 167.

94. Cfr. *ivi*, pp. 203 e ss. Cfr. anche O. Vighetti, «Lo Spirito Santo opera qui potentemente», in *La Casa Sollievo della Sofferenza*, anno XXIV, n. 12-13-14, 16 giugno-31 luglio 1973, pp. 42-43.

95. Cfr. *ivi*, p. 275. La benedizione fu impartita dal cardinale Segretario di Stato Agostino Casaroli.

96. Il secondo fu aperto il 22 gennaio 1964 e sostituì quello avviato dieci anni prima (cfr. G. Leone, *Padre Pio e la sua Opera*, cit., p. 161), mentre il terzo fu benedetto dal cardinale Casaroli.

97. La benedizione fu impartita dal nunzio apostolico in Italia, monsignor Paolo Romeo (cfr. Anonimo, «Inaugurato il Poliambulatorio "Giovanni Paolo II", cit., in *Voce di Padre Pio*, anno XXXIII, n. 9, settembre 2002, pp. 40-41).

98. Cfr. M. Fontana, «Da una donazione di Luigi Gedda un nuovo impulso per la ricerca genetica», in *La Casa Sollievo della Sofferenza*, anno LII, n. 9, 1-15 maggio 2001, pp. 11-12 (articolo ripreso da *L'Osservatore Romano* del 21 gennaio 2001).

99. Cfr. R. Ruotolo, «1992: primo anno dell'Istituto di ricerca biomedica», in *La Casa Sollievo della Sofferenza*, anno XLIII, n. 1, 1-15 gennaio 1992, p. 4.

100. Cfr. Anonimo, «L'Istituto di medicina Rigenerativa», in *La Casa Sollievo della Sofferenza*, anno LXVI, luglio-agosto 2015, pp. 6-7. L'articolo specifica che alle cellule staminali «si arriva utilizzando le cellule epidermiche o del sangue del paziente, cioè cellule adulte che vengono trasformate in cellule di tipo embrionale, senza tuttavia produrre embrioni e superando così le problematiche di natura etica. Tali cellule riprogrammate non contengono alcun materiale virale genetico estraneo, mantenendo nel contempo tutte le informazioni genetiche del singolo paziente». Poche settimane prima dell'inaugurazione dell'Istituto di Medicina Rigenerativa, il direttore scientifico di "Casa Sollievo della Sofferenza", professor Angelo Vescovi, ha annunciato che il 5 giugno 2015 «è stato trapiantato nel midollo spinale cervicale, con cellule staminali cerebrali, il diciottesimo ed ultimo paziente affetto da Sclerosi Laterale Amiotrofica (SLA) nell'ambito di una sperimentazione clinica di fase I autorizzata dall'Istituto Superiore di Sanità nel 2011», annunciando la «preparazione di un protocollo sperimentale di fase II [...] finalizzata a valutare il miglioramento del dosaggio delle cellule e la loro potenziale efficacia terapeutica». La prima fase, infatti, è servita a «valutare l'evoluzione della malattia dopo il trattamento e la sicurezza ed innocuità del

medesimo» (cfr. A. Vescovi, «Staminali: conclusa la sperimentazione di fase I con cellule staminali cerebrali nella SLA», in *ivi*, pp. 8-9).

101. Cfr. G. Leone, *Padre Pio e la sua Opera*, cit., p. 127.

102. A. da Ripabottoni, *San Pio da Pietrelcina. Cireneo di tutti*, Edizioni Padre Pio da Pietrelcina, San Giovanni Rotondo (FG) 2011, p. 492.

103. Cfr. *ivi*, p. 493.

104. D. Serini, *Padre Pio e le opere sociali*, cit., p. 95.

105. Fondato «in Spagna da un vescovo Cappuccino, mons. Luigi Amigò y Ferrer, con lo scopo di riabilitare i giovani deviati ed emarginati mediante la formazione professionale ed alla luce della moderna pedagogia e psicologia» (*ivi*, p. 149).

106. Cfr. *ivi*, pp.150 e ss.

107. Cfr. A. Impagliatelli, D. Scaramuzzi, *La periferia si è fatta centro. I cinquant'anni dell'ITCA*, Sao ko kelle terre Editrice, San Giovanni Rotondo (FG) 2008, pp. 106 e ss.

108. D. Serini, *Padre Pio e le opere sociali*, cit., p. 15.

109. Cfr. *ivi*, pp. 107 e ss.

110. «Il Padre Spirituale», ricorderà padre Carmelo, «non poté trattenere le lacrime, quando gli fu presentato il primo gruppo di orfanelle raccolte all'ombra di Sant'Antonio di Padova, a cui fu dedicato il nuovo orfanotrofio» (*ivi*, pp. 128-129).

111. Cfr. *ivi*, pp. 115 e ss.

112. Cfr. *ivi*, pp. 133 e ss.

113. Cfr. *ivi*, p. 81.

114. A. da Ripabottoni, *San Pio da Pietrelcina. Cireneo di tutti*, cit., p. 494.

115. D. Serini. *Padre Pio e le opere sociali*, cit., p. 81.

Postfazione

Giunti al termine della lettura non si può che restare ancora una volta stupiti davanti alla figura e all'azione di san Pio da Pietrelcina quale strumento della misericordia di Dio.

Come ricordava Benedetto XVI all'*Angelus* di domenica 30 marzo 2008:

> «La misericordia è in realtà il nucleo centrale del messaggio evangelico, è il nome stesso di Dio, il volto con il quale Egli si è rivelato nell'antica Alleanza e pienamente in Gesù Cristo, incarnazione dell'Amore creatore e redentore. Questo amore di misericordia illumina anche il volto della Chiesa, e si manifesta sia mediante i Sacramenti, in particolare quello della Riconciliazione, sia con le opere di carità, comunitarie e individuali. Tutto ciò che la Chiesa dice e compie, manifesta la misericordia che Dio nutre per l'uomo».

È innegabile e sorprendente, in questo sacerdote Cappuccino, l'instancabile stare a disposizione di coloro – e sappiamo che erano tanti e il loro numero era in costante aumento – che chiedevano a Dio la misericordia e il perdono. Altrettanto innegabile e sorprendente è il modo con il quale il santo stigmatizzato del Gargano si "muovesse" per il mondo intero, senza mai muoversi da San Giovanni Rotondo, per "muovere" i peccatori alla ricerca del Dio misericordioso.

La sua azione "ruvida" – alcuni episodi lo evidenziano con estrema chiarezza – il suo essere "burbero", già evidenziato da molti e in molti modi, non era altro che il metodo da lui usato per richiamare il peccatore, per riposizionare l'uomo nella sua creaturalità, per rendere consapevole il cristiano di quanto l'amore di Dio, manifestato, reso presente e fruibile in Gesù Cristo, fosse la perla più preziosa e il dono più grande.

Il suo "andare" a cercare l'uomo bisognoso della grazia, con quel fenomeno straordinario e unico dato a lui della bilocazione, era sempre e solo segno dell'amore di Dio misericordioso, che ama per primo, che si mette alla ricerca per primo, che attende per primo, da mendico, la risposta d'amore dell'uomo. San Pio da Pietrelcina rivela qui un aspetto evangelico straordinario: egli è il servo che opera nella vigna del Signore, perché nulla vada perduto e tutti abbiamo la cura necessaria per produrre il frutto buono, abbondante, odoroso e dolce.

Accanto a quest'opera di misericordia spirituale, è innegabile in san Pio da Pietrelcina anche il suo concreto fare le opere di misericordia corporale nell'intuizione, fondazione, costruzione e sviluppo dell'ospedale "Casa Sollievo della Sofferenza". Il cristiano toccato dalla grazia non può non sentire il dolore dell'umanità che cerca il senso del proprio patire e la vera felicità. Colui che era insignito delle piaghe dell'Amore non poteva non sentire la sofferenza e la voce di chi era malato e bisognoso di cura.

San Pio da Pietrelcina sa che l'uomo spirituale, se non vuole tradire la sua unione con Dio, è chiamato alla concretezza, a un fare operoso, a non chiudere gli occhi davanti a chi è toccato dal mistero del dolore e della malattia. Mistero che non ha risposte se non in un giudizio fondato sulla fede in Gesù Cristo, Colui che, crocifisso, vive!

La misericordia di Dio nel sacramento della Riconciliazione è l'espressione più chiara del perdono senza riserve del Signore, che oltrepassa ogni misura. Il «Dio ricco di misericordia» (*Ef* 2, 4) che in Gesù «si fece carne» (*Gv* 1,14) rivela l'Amore redentivo che si dona continuamente e senza sosta, infinitamente, per coloro che lo riconoscono.

San Pio, però, sa e conosce quanto la misericordia e il perdono siano difficili da accettare in un uomo pieno di se stesso, cocciuto nel voler essere come Dio, infelice nel contestare la sua creaturalità e la sua dipendenza da qualcun altro.

L'unico modo per richiamare e attrarre alla misericordia e all'Amore, ci dice san Pio da Pietrelcina, proposto dal Santo Padre Francesco come icona di questo Giubileo della Misericordia, è restituire a Dio il dono ricevuto, riconoscendo che tutti i beni sono del Signore, senza trattenere nulla per se stessi, donandosi senza riserve nel servizio all'Amore.

San Pio chiuso nel suo convento, seduto nel suo confessionale, attivo nella costruzione materiale e spirituale della

"Casa Sollievo della Sofferenza", non ha fatto altro che restituire quanto ricevuto dal Signore: la partecipazione all'offerta sacrificale di Gesù, il Figlio, e lo ha fatto ben consapevole che doveva lottare prima di tutto con se stesso, per non cadere nell'illusione di essere lui, Padre Pio, a dispensare la misericordia, il perdono, la carità e l'aiuto.

Gli assalti del demonio, le battiture, le ingiurie, le false accuse, altro non sono stati che prove, da parte di Dio, per mantenere l'unione di quel suo servo con Lui, come Cristo sulla croce.

La misericordia di Dio, con l'indizione del Giubileo, ancora una volta è messa al centro dell'annuncio del Vangelo e san Pio da Pietrelcina è – ancora oggi – annunciatore di questa misericordia attraverso la sua peculiare missione, unica, eccezionale, personale e irripetibile. Se potessimo – ma è possibile solo nella comunione dei santi – incontrare lo sguardo di san Pio da Pietrelcina, non vedremmo che due occhi che brillano di carità e rimandano lo sguardo a Cristo, icona vivente della Misericordia del Padre.

Papa Francesco, proponendo san Pio da Pietrelcina come icona della misericordia di Dio, non fa altro che rimettere al primo posto nell'annuncio del Vangelo, Dio, il suo Amore per l'umanità, il suo perdono che non ha limiti, la sua Chiesa, luogo dove è dispensata sacramentalmente la misericordia di Dio e dove si impara a servire le membra sofferenti dell'umanità e coloro che con sincerità cercano il proprio destino.

Fr. Carlo Calloni, ofmcap.
Postulatore generale

INDICE

Finito di stampare nel mese di gennaio 2016
presso Rotolito Lombarda S.p.A. - Seggiano di Pioltello (MI)
Printed in Italy